CADERNOS DE PROCESSO DO TRABALHO
N. 33

Dedico este Caderno
ao Armando Casimiro Costa Filho, *in memoriam.*

Manoel Antonio Teixeira Filho

Advogado — Juiz aposentado do TRT da 9ª Região – Fundador da Escola da Associação dos Magistrados do Trabalho do Paraná — Professor Emérito do Centro Universitário de Curitiba-Unicuritiba – Professor na Escola da Magistratura do Trabalho do Paraná — Membro do *Instituto Latinoamericano de Derecho del Trabajo y de la Seguridad Social* — do Instituto de Direito Social do Brasil — da *Société Internacionale de Droit du Travail et de la Sécurité Sociale* — do Instituto dos Advogados do Paraná — da Academia Nacional de Direito do Trabalho — da Academia Paranaense de Letras Jurídicas – do Instituto dos Advogados de São Paulo.

CADERNOS DE PROCESSO DO TRABALHO
N. 33

EXECUÇÃO POR QUANTIA CERTA – PARTE III

EXECUÇÃO DE CONTRIBUIÇÕES SOCIAIS

De acordo com a Lei n. 13.467/2017 ('Reforma Trabalhista')

LTr Editora Ltda.
© Todos os direitos reservados

Rua Jaguaribe, 571
CEP 01224-003
São Paulo, SP — Brasil
Fone (11) 2167-1101
www.ltr.com.br
Fevereiro, 2020

Produção Gráfica e Editoração Eletrônica: PIETRA DIAGRAMAÇÃO
Projeto de capa: DANILO REBELLO
Impressão: FORMA CERTA

Versão impressa — LTr 6033.5 — ISBN 978-85-301-0122-0
Versão digital — LTr 9675.0 — ISBN 978-85-301-0171-8

Dados Internacionais de Catalogação na Publicação (CIP)
(Câmara Brasileira do Livro, SP, Brasil)

Teixeira Filho, Manoel Antonio

Cadernos de processo do trabalho, n. 33: execução por quantia certa: parte III: execução de contribuições sociais : de acordo com a Lei n. 13.467/2017 ('reforma trabalhista')/Manoel Antonio Teixeira Filho. – São Paulo: LTr, 2020.

Bibliografia.

ISBN 978-85-301-0122-0

1. Direito processual do trabalho 2. Direito processual do trabalho – Brasil 3. Contribuições sociais 4. Execução (Direito) I. Título.

19-30971   CDU-347.9:331(81)

Índice para catálogo sistemático:

1. Brasil: Direito processual do trabalho 347.9:331(81)

Cibele Maria Dias – Bibliotecária – CRB-8/9427

SUMÁRIO

Capítulo II – Embargos do devedor – continuação 7
8. Competência 7
    8.1. Embargos do devedor 7
    8.2. Embargos de terceiro 10
9. Prazo 12
10. Pagamento da dívida no prazo para embargos 14
11. Garantia do juízo 17
12. Efeito 20
13. Rejeição liminar 21
14. Matérias alegáveis 24
    14.1. Execução de título judicial 24
    14.2. Execução de título extrajudicial 37
15. Procedimento 40
16. Das exceções pelo embargante 42
17. Revelia 43
18. Reconvenção 44
19. Sentença 45
20. Recurso 46
21. Exceção de pré-executividade 47

Capítulo III – Invalidação, ineficácia e resolução da arrematação 55
1. Comentário 55
    1.1. Invalidação 55
    1.2. Ineficácia 56
    1.3. Resolução 57

Capítulo IV – Embargos de terceiro 59
1. Conceito 59
2. Natureza jurídica e eficácia 61
3. Pressupostos 62
4. Embargos de terceiro e embargos do devedor 63
5. Legitimidade 64
6. Competência 66
7. Prazo 67
8. Distribuição 70

9. Procedimento 71
10. Recurso interponível 75

Capítulo V – Execução de contribuições sociais 77
1. A Emenda Constitucional n. 20/98 77
2. O INSS e a relação processual 80
3. Título executivo 81
    3.1. Natureza jurídica 82
4. Prescrição 83
5. Procedimento 84
6. As Leis ns. 10.035/2000, 11.457/2007 e 13.467/2017 85
    6.1. Comentário 85

|CAPÍTULO II|

EMBARGOS DO DEVEDOR – CONTINUAÇÃO

8. Competência

8.1. Embargos do devedor

No processo do trabalho, em princípio, será competente para realizar a execução forçada de título judicial o juízo que emitiu a sentença exequenda (CLT, art. 877), seja esta condenatória ou homologatória de transação, a que o réu deixou de cumprir (*ibidem*).

Incidiria, contudo, no processo do trabalho, a regra do art. 516, parágrafo único, do CPC, segundo a qual *"o exequente poderá optar pelo juízo do atual domicílio do executado, pelo juízo do local onde se encontrem os bens sujeitos à execução ou pelo juízo do local onde deva ser executada a obrigação de fazer ou de não fazer, casos em que a remessa dos autos do processo será solicitada ao juízo de origem"*? Em rigor, não, porquanto a CLT não é omissa sobre o tema, como vimos (art. 877). Entrementes, se isso for do interesse do credor e menos oneroso ao devedor, pensamos que a jurisprudência poderia admitir a incidência da precitada norma do processo civil.

Para a execução de título extrajudicial será competente o juízo em cuja jurisdição se situa a Comissão de Conciliação Prévia, na qual foi assinado o termo de transação; ou do juízo em que se situa a sede da Procuradoria Regional do Trabalho, em cujos autos do procedimento foi assinado o termo de ajustamento de conduta. A critério do credor, todavia, poder-se-ia adotar a regra constante dos incisos I a V, do art. 781, do CPC: "I — a execução poderá ser proposta no foro de domicílio do executado, de eleição constante do título ou, ainda, de situação dos bens a ela sujeitos; II — tendo mais de um domicílio, o executado poderá ser demandado no foro de qualquer deles; III — sendo incerto ou desconhecido o domicílio do executado, a execução poderá ser proposta no lugar onde for encontrado ou no foro de domicílio do exequente; IV — havendo mais de um devedor, com diferentes domicílios, a execução será proposta no foro de qualquer deles, à escolha do exequente; V — a execução poderá ser proposta no foro do lugar em que se praticou o ato ou em que ocorreu o fato que deu origem ao título, mesmo que nele não mais resida o executado". Flexibilizamos, assim, nosso entendimento manifestado no livro "Comentário ao Novo Código de Processo Civil" (São Paulo, Editora LTr, 2.ª ed., 2016, pág. 868).

Tema que provocou, entretanto, intensa convulsão na doutrina e na jurisprudência dizia respeito à competência para apreciar os embargos do devedor, na execução mediante carta precatória.

A origem da cinca estava na expressão anfibológica "juízo requerido", constante da primitiva redação do art. 747 do CPC de 1973, ao qual o legislador cometeu competência para decidir os embargos em questão. O que se deveria entender por "juízo requerido": aquele a quem o credor *solicitou* a execução do título, ou aquele a quem se *deprecou* a realização de certos atos executivos, como a penhora?

Na verdade, o estudo dos trabalhos legislativos que antecederam à edição da Lei n. 5.869, de 11 de janeiro de 1973, instituidora daquele Código de Processo Civil, revelava a indisfarçável intenção de atribuir-se ao juízo *deprecado* a competência para solucionar os embargos do devedor; tanto isto é certo que o art. 795 do anteprojeto dispunha: "*Na execução por carta, os embargos do devedor serão oferecidos, impugnados e decididos pelo juízo de situação da coisa*"; esse artigo fazia expressa remissão ao art. 705 do mesmo anteprojeto, que assim estatuía: "*se o devedor não tiver bens no foro da causa, far-se-á a execução por carta, penhorando-se, avaliando-se e vendendo-se os bens no foro da situação*". Essas redações foram alteradas pelo Congresso Nacional, que, retirando o adjetivo *deprecado*, colocou em seu lugar o dubitativo *requerido*, permitindo, com essa imprecisão terminológica, o estabelecimento de acirrada controvérsia doutrinária e jurisprudencial, cujas consequências repercutiam no processo do trabalho, que, diante da omissão da CLT sobre a matéria, invocava, em caráter supletório, o art. 747 do CPC de 1973.

Forremo-nos, entretanto, de revelar os argumentos em que se apoiavam as correntes de opinião contrapostas, no afã de demonstrar, uma, que a competência era do juízo *deprecante;* outra, que competia ao *deprecado* julgar os embargos do devedor. Sucede que essa polêmica deixou de apresentar qualquer relevância para o processo do trabalho com o advento da Lei n. 6.830/80, que dispôs sobre a cobrança judicial da dívida ativa da Fazenda Pública. Essa norma legal, de incidência neste processo especializado, *ex vi* do art. 889 da CLT, estabelece, em linguagem translúcida, que: "*Na execução por carta, os embargos do executado serão oferecidos no juízo deprecado, que os remeterá ao juízo deprecante, para instrução e julgamento*" (art. 20, *caput*). A contar da vigência dessa norma legal forânea, conseguintemente, definiu-se a competência para o julgamento dos embargos do devedor quando a execução se processa por meio de carta precatória: a) tais embargos devem ser oferecidos no juízo deprecado, que b) os encaminhará ao deprecante, para efeito de instrução e julgamento. Recebidos os autos, incumbirá ao deprecante, antes de instruir os embargos, intimar o credor para que os impugne no prazo de cinco dias (CLT, art. 884, *caput*).

Quando, porém, os embargos do devedor tiverem por objeto vícios ou irregularidades de atos praticados pelo próprio juízo deprecado, a este caberá, exclusivamente, o julgamento dessa matéria (Lei n. 6.830/80, art. 20, parágrafo único).

Constata-se, portanto, que a mencionada norma legal estabeleceu um *princípio* (compete ao juízo deprecante instruir e julgar os embargos do devedor, na execução mediante carta) e uma *exceção* (salvo se os embargos versarem sobre vícios ou irregularidades de atos do juízo deprecado, hipótese em que a instrução e o julgamento a este competirão). O princípio e a exceção, de que falamos, implicaram, por outro lado, uma indesejável fragmentação da competência, com repercussões práticas algo tumultuantes, pois, desejando o devedor impugnar não só o título executivo (se este for o caso), mas atacar certos atos procedimentais realizados pelo juízo deprecado, de duas uma: a) ou elabora apenas *uma* peça de embargos, contendo *ambas* as matérias, de tal modo que um dos juízos decidirá *parte* dos embargos, remetendo, após, os autos ao outro, a fim de que decida a parte restante; b) ou apresenta *dois* embargos, em peças distintas, permanecendo um no juízo deprecado, que os julgará, sendo outro encaminhado ao deprecante, para idêntica finalidade.

Não nos parece recomendável a adoção do primeiro procedimento (a), pois da sentença proferida pelo juízo deprecado — em relação à parte dos embargos que lhe competia — poderá ser interposto agravo de petição, fazendo com que o deprecante só venha a julgar a parte restante quando do trânsito em julgado do acórdão pertinente ao referido recurso. Situação não menos anômala seria remeter os autos ao juízo deprecante, logo após a prolação da sentença, pelo deprecado, que somente poderia ser impugnada mediante recurso na mesma oportunidade em que o fosse a proferida pelo juízo deprecante. Torna-se aconselhável, pelas razões apresentadas, que o devedor elabore (no exemplo de que estamos a cogitar) duas petições de embargos, levando em conta a diversidade de competência dos juízos, protocolando ambas no deprecado, que reterá a que encerrar matéria de sua competência (para instruir e julgar esses embargos), encaminhando ao deprecante a que disser respeito à competência deste. Com isso, serão contornadas as dificuldades que, inevitavelmente, decorreriam da apresentação de uma só peça de embargos, em que um dos juízos apenas poderia proferir decisão depois que o outro o fizesse. A diversidade de peças justificará a diversidade de sentenças e, acima de tudo, a possibilidade de uma ser executada independentemente da outra, exceto se houver, entre elas, um nexo que impeça essa autonomia executória.

O art. 20 da Lei n. 6.830/80 consagrou, aliás, a orientação jurisprudencial cristalizada na Súmula n. 32 do extinto Tribunal Federal de Recursos, depois convertida na Súmula n. 46, do atual STJ.

Posteriormente, a Lei n. 8.953/94 modificou a redação do art. 747 do CPC de 1973, dele expungindo o primitivo senso dubitativo, para clarificar que na execução mediante carta os embargos serão *oferecidos* no juízo deprecante *ou* no deprecado, mas a competência para *julgá-los* é do juízo deprecante (princípio), salvo se versarem unicamente sobre vícios ou defeitos da penhora, avaliação ou expropriação dos bens (exceção), hipótese em que competirá ao juízo deprecado o julgamento dessa matéria. Como se percebe, a redação deste dispositivo do CPC inspirou-se na do art. 20, da Lei n. 6.830/80.

Essa linha de entendimento foi preservada pelo CPC de 2015, conforme demonstra o art. 914, § 2.º: *"Na execução por carta, os embargos serão oferecidos no juízo deprecante ou no juízo deprecado, mas a competência para julgá-los é do juízo deprecante, salvo se versarem unicamente sobre vícios ou defeitos da penhora, da avaliação ou da alienação dos bens efetuadas no juízo deprecado"*.

A impugnação à sentença de liquidação (pelo credor ou pelo devedor) deverá, no entanto, ser sempre apresentada ao juízo *deprecante*, que a apreciará. Cabe a este, pois, providenciar para que tal direito das partes não seja tolhido quando a competência for, exclusivamente, do deprecado, no que atine ao julgamento dos embargos do devedor.

8.2. Embargos de terceiro

Vimos, até aqui, o problema da competência para apreciar embargos do devedor quando a execução se processe por intermédio de carta precatória. Cabe-nos perquirir, agora, quanto à competência para solucionar os embargos oferecidos *por terceiro*, na execução mediante carta.

Estabelece o art. 676, *caput*, do CPC: 'Os embargos serão distribuídos por dependência ao juízo que ordenou a constrição e autuados em apartado. Parágrafo único. Nos casos de ato de constrição realizado por carta, os embargos serão oferecidos no juízo deprecado, salvo se indicado pelo juízo deprecante o bem constrito ou se já devolvida a carta".

Algumas nótulas se tornam necessárias, em face dessa dicção legal.

Por primeiro, sendo os embargos em apreço ação autônoma, de caráter incidental e de conteúdo cognitivo, implicaria ofensa à sua natureza e aos seus objetivos o serem introduzidos nos mesmos autos dos quais se originou o ato de apreensão judicial; daí por que o Código, respeitando essa especificidade ontoteleológica, impôs a sua distribuição por dependência e sua autuação em separado.

A autonomia desses embargos pode ser aferida, p. ex., pelo fato de eventual extinção do processo de execução, proveniente de desistência manifestada pelo credor (CPC, art. 775), não obstar a sobrevivência dos embargos, em seu escopo de obter um provimento jurisdicional que proteja a posse que está a ser molestada por ato judicial.

A distribuição dos embargos de terceiro, por dependência, justifica-se pela conexão existente entre eles e a ação principal (CPC, art. 55). Não são raros, a propósito, os casos em que o juiz, por força da sentença proferida nos embargos, se vê obrigado a reapreciar certos atos que praticara no processo principal, em virtude da repercussão aqui provocada por aquela decisão.

Por segundo, a assertiva legal de que tais embargos tramitarão perante o *juiz que ordenou a apreensão* poderia levar à inferência de que esses embargos apenas seriam oponíveis quando se verificasse a efetiva turbação ou esbulho da posse; conclusão nesse sentido seria equivocada, pois é bastante para o exercício desse direito de ação que haja um *iminente risco* de apreensão judicial de bens.

No mais, as disposições do *caput* do art. 676 do CPC devem ser conjugadas com o parágrafo único da mesma norma, de tal modo que, na execução mediante carta, os embargos de terceiro serão aforados no juízo deprecado, e aí distribuídos por dependência, exceto se os bens apreendidos tenham sido indicados pelo deprecante, hipótese em que os embargos serão ajuizados perante este e aí decididos.

Competente para apreciar os embargos de terceiro será o juízo que ordenou a apreensão dos bens (CPC, art. 676), vale dizer, aquele que fez expedir o correspondente mandado.

Na execução mediante carta precatória, a competência será do juízo deprecado, exceto se o bem apreendido houver sido indicado pelo deprecante, ou a carta já tenha sido devolvida, hipótese em que este será competente para processar e julgar os embargos de terceiro (CPC, art. 676, parágrafo único). Essa era, parcialmente, a orientação sedimentada na Súmula n. 33 do extinto Tribunal Federal de Recursos. Pensamos que o processo do trabalho deva manter-se firme nesse critério de fixação de competência em sede de embargos de terceiro apresentados nas execuções mediante carta.

É certo que isso poderá acarretar algumas dificuldades de ordem prática, como quando todos os bens forem penhorados pelo juízo deprecado, embora apenas parte deles tenha sido indicada pelo deprecante. Nesse caso, haveria, em rigor, dois embargos do mesmo terceiro: um, relativo aos bens apontados pelo juízo deprecante; outro, pertinente aos bens apreendidos pelo deprecado. Nada impede, entrementes, que a doutrina e a jurisprudência, em situações que tais, estabeleçam a regra de que os embargos deverão ser um só, abarcando, pois, a todos os bens constritos, sendo competente para apreciá-los, unicamente, o deprecado, porquanto esse é o princípio que se irradia da norma legal em exame. Com isso, evitar-se-ão certos transtornos de ordem prática, derivantes da oposição de dois embargos pelo mesmo terceiro, que poderão trazer consequências tumultuárias para o procedimento, além de retardar, sobremaneira, a satisfação do direito do credor-exequente.

Se a carta precatória já foi devolvida ao juízo deprecante, será sempre deste a competência para julgar os embargos de terceiro.

Vale rememorar que, em matéria de *embargos do devedor*, a competência será do juízo *deprecante*, salvo se tiverem como objeto vícios ou irregularidades de atos praticados pelo deprecado, quando, então, a este caberá apreciar, exclusivamente, esse assunto. Esse é o critério estabelecido pelos arts. 20, da Lei n. 6.830/80, e 914, § 2º, do CPC, e que difere do enunciado pela Súmula n. 33 do extinto TFR, respeitante aos embargos *de terceiro*.

9. Prazo

No sistema do processo do trabalho, é de cinco dias o prazo para o oferecimento de embargos (CLT, art. 884). Na vigência do CPC de 1973, afirmamos que esse prazo seria aplicável, por igual, à Fazenda Pública, levando em conta as disposições aplicáveis à matéria.

Com o advento do CPC de 2015, no entanto, fomos levados a rever a nossa opinião. Realmente, seja para efeito de impugnar o cumprimento da sentença (CPC, art. 535), seja para oferecer embargos à execução fundada em título extrajudicial (CPC, art. 910), a Fazenda Pública passou a ter o prazo de trinta dias.

Esse é, também, o prazo a ser observado no processo do trabalho, no tocante à Fazenda Pública.

No referido processo o prazo para a apresentação de embargos, pelo devedor, passa a fluir da intimação da penhora. Sendo assim, o devedor terá o prazo de cinco dias para embargar a execução, passando o prazo a ser contado da intimação da penhora, pois o exercício do direito de opor-se à execução está condicionado à prévia garantia do juízo, ou ao apresamento judicial de bens, quantos bastem para o pagamento do principal e seus acréscimos, além de honorários, custas, emolumentos e de outras despesas processuais (CPC, art. 831).

O assunto está, no entanto, a exigir comentários mais detalhados, pois o critério para a fixação do *dies a quo* do quinquídio legal destinado ao oferecimento de embargos à execução não pode ser uniformemente formulado.

Com efeito, se o Estado apreende bens do devedor, no exercício do seu poder de império, o prazo para o ingresso dos embargos em exame, no processo do trabalho, fluirá da data em que o devedor for intimado da penhora. Se, contudo, os bens são *nomeados* pelo devedor, não há que se pensar em intimação da penhora, passando o prazo para os embargos a fluir da data em que for lavrado o correspondente *termo* de nomeação. Quando o devedor, por sua iniciativa, deposita (em conta de rendimento) o valor expresso no mandado executivo (não para efeito de pagamento), o prazo para o oferecimento de embargos é contado da data em que o depósito foi realizado, pois feriria o senso lógico imaginar que o devedor devesse ser intimado (= cientificado) de um ato que ele próprio praticou e do qual, por isso, tem ciência plena.

Na execução por carta, o prazo para embargar corre a partir da intimação da penhora (pelo juízo deprecado), e não da juntada da precatória aos autos da execução.

Havendo diversos devedores, num mesmo processo, e tendo sido penhorados bens, digamos, de apenas um deles, em valor suficiente para responder ao crédito do exequente, a intimação da penhora deverá ser feita somente a este devedor, ou também aos demais, aos quais o ato de apreensão não atingiu? O assunto é, deveras, controvertido. Poder-se-ia argumentar que os demais devedores também deveriam ser intimados, a fim de que também oferecessem embargos à execução, sem necessidade de nova garantia do juízo. O fundamento dessa opinião seria, por suposto, o art. 117, do CPC, segundo o qual os litisconsortes – exceto no regime unitário – serão considerados, em suas relações com a parte contrária, como litigantes distintos, de tal forma que os atos e as omissões de um não prejudicarão os demais, *embora os possam beneficiar*. Pois bem. Para já, eliminemos a possibilidade de essa norma do processo civil ser aplicada nos regimes litisconsorciais do tipo *simples* (que se opõe ao unitário). No sistema do processo do trabalho devemos repetir a incidência dessa norma também no litisconsórcio unitário. Aliás, para ser essa a disciplina do próprio CPC, a considerar o disposto no seu art. 915, § 1.º: *"Quando houver mais de um executado, o prazo para cada um deles embargar conta-se a partir da juntada do respectivo comprovante de citação (...)"*. Não sendo, o devedor, proprietário dos bens oferecidos em garantia da execução, seria temerário aceitarem-se os seus embargos, isoladamente, pois estes poderiam consistir em mero pretexto para tumultuar a execução e procrastiná-la. Aceitarem-se embargos pelo devedor que não teve bens penhorados seria, em última análise, permitir que alguém resistisse à execução em atitude largamente privilegiada, em relação ao que sofreu a penhora, porquanto estaria dispensado do encargo de garantir o juízo. Estamos pressupondo que os devedores apresentem matérias distintas, a fundamentar os seus embargos, daí o caráter temerário de aceitar-se essa oposição por parte de quem não teve bens penhorados. Caso, porém, os diversos devedores ofereçam um argumento comum, podem ser admitidos os embargos opostos por aquele que teve o seu patrimônio intocado pelo Estado-Juiz.

O princípio a ser destacado, portanto, diz da autonomia dos embargos oferecidos, individualmente, pelos codevedores, uma vez que, no geral, não se imbricam as matérias neles ventiladas; apenas em situações excepcionais é que se verifica esse entrelaçamento temático, ou mesmo a sua plena identidade.

Na bem elaborada resenha de Theodoro Júnior: 1) a ação de cada devedor é particular, não estando subordinada a regime litisconsorcial ou à concordância dos demais codevedores; 2) o prazo para embargar é individual e surge, para cada devedor, a partir da intimação pessoal da penhora sobre seus bens; 3) o fato de não haverem sido citados todos os devedores é despiciendo, por não ser condição para o prosseguimento da execução sobre os bens dos demais, de modo que aquele que já sofreu a penhora tem de ajuizar logo seus embargos, sem levar em conta a situação dos outros codevedores; 4) a autonomia dos embargos de cada devedor, e da particularidade de não se tratar de contestação, nem de simples fala nos autos, torna inaplicável à espécie a contagem de prazo em dobro quando vários são os devedores e diversos os seus advogados (CPC, art. 191). (obra cit., pág. 349)

10. Pagamento da dívida no prazo para embargos

Estabelece o CPC:

"Art. 916. No prazo para embargos, reconhecendo o crédito do exequente e comprovando o depósito de trinta por cento do valor em execução, acrescido de custas e de honorários de advogado, o executado poderá requerer que lhe seja permitido pagar o restante em até 6 (seis) parcelas mensais, acrescidas de correção monetária e de juros de um por cento ao mês.

§ 1º O exequente será intimado para manifestar-se sobre o preenchimento dos pressupostos do *caput*, e o juiz decidirá o requerimento em 5 (cinco) dias.

§ 2º Enquanto não apreciado o requerimento, o executado terá de depositar as parcelas vincendas, facultado ao exequente seu levantamento.

§ 3º Deferida a proposta, o exequente levantará a quantia depositada, e serão suspensos os atos executivos.

§ 4º Indeferida a proposta, seguir-se-ão os atos executivos, mantido o depósito, que será convertido em penhora.

§ 5º O não pagamento de qualquer das prestações acarretará cumulativamente:

I — o vencimento das prestações subsequentes e o prosseguimento do processo, com o imediato reinício dos atos executivos;

II — a imposição ao executado de multa de dez por cento sobre o valor das prestações não pagas.

§ 6º A opção pelo parcelamento de que trata este artigo importa renúncia ao direito de opor embargos.

§ 7º O disposto neste artigo não se aplica ao cumprimento da sentença".

Comentemos essas disposições.

Caput. Há parcial correspondência com o art. 745-A do CPC de 1973.

A norma em tela constitui uma espécie de *moratória* para o devedor, pela qual poderá pagar em parcelas a dívida, desde que, no prazo de embargos à execução, a reconheça como devida. Optando por esse parcelamento, estará precluso (preclusão lógica) o seu direito de oferecer embargos à execução.

A medida é conveniente para o credor, que poderá receber o que lhe é devido muito antes do que receberia se o devedor embargasse a execução; ao devedor, porque lhe permite fazer uma programação para cumprir os seus compromissos financeiros em geral, sejam judiciais ou não. E, de certa forma, para o próprio juiz, que não terá de julgar embargos à execução.

A CLT é omissa sobre o tema.

O § 6.º, do art. 9.º, da Lei n. 6.830/80 estabelece que o executado *"poderá pagar parcela da dívida, que julgar incontroversa, e garantir a execução do saldo devedor"*. Não há, portanto, previsão para o *parcelamento* do débito. Tecnicamente (CLT, art. 889), inexiste espaço (lacuna) para a incidência do art. 916, do CPC, no processo do trabalho.

Entrementes, considerando que o parcelamento da dívida é algo que, conforme esclarecemos há pouco, possa interessar não apenas ao devedor, mas ao próprio credor (CPC, art. 797), e que, na prática, têm sido frequentes os casos em que as partes transacionam no processo de execução, pensamos ser possível aplicar-se ao processo do trabalho o art. 916, do CPC, a despeito do art. 9.º, § 6.º, da Lei n. 6.830/80. Embora o dispositivo em exame, do CPC, não condicione esse parcelamento à concordância do autor, é recomendável que, no processo do trabalho, o juiz fixe prazo para o credor manifestar-se acerca do parcelamento requerido pelo devedor, pois, em razão disso, o credor poderá fornecer ao magistrado elementos de convicção de que este se poderá valer como fundamento para deferir ou indeferir o requerimento. O contraditório, aliás, mais do que uma tradição em nosso meio, é uma garantia constitucional (CF, art. 5.º, inciso LV).

Desse modo, mesmo no processo do trabalho o devedor, no prazo para embargar: a) poderá reconhecer o crédito do exequente; b) deverá comprovar o depósito de trinta por cento do valor em execução, aqui incluídos os honorários do advogado, do perito, as custas e outras despesas constantes do mandado, após o que requererá que o pagamento do saldo seja efetuado em até seis parcelas mensais, corrigidas monetariamente e acrescidas dos juros da mora legais. O juiz ouvirá o credor a respeito, no prazo que lhe assinar, decidindo em seguida.

Duas observações complementares são necessárias: a) se o devedor reconhecer o crédito do exequente estará renunciando ao direito de oferecer embargos à execução, porquanto as duas atitudes são processualmente incompatíveis, sob aspecto lógico; b) por outro lado, a lei afirma que a manifestação do devedor deverá ser feita no prazo para a apresentação de embargos.

Sendo assim, decorrido o prazo para embargar, o devedor já não poderá requerer o mencionado parcelamento. Aqui, no entanto, surge uma questão instigante: se o devedor deixar passar em branco o prazo para embargar não poderá, posteriormente, requerer o pagamento parcelado da dívida, máxime nos casos em que não disponha de bens penhoráveis? Se houver concordância do credor quanto a isso, não vemos razão insuperável para o juiz negar esse parcelamento, que atende ao interesse comum das partes.

A não se acatar a sugestão que formulamos, as disposições do art. 916 do CPC correrão o risco de ser transformadas em letra morta, pois dificilmente o devedor sentir-se-á motivado a reconhecer a dívida e a requerer o pagamento parcelado do saldo, se souber que se o seu requerimento for indeferido terá perdido o prazo para embargar a execução.

Cabe, aqui, um esclarecimento: o art. 916, *caput*, do CPC, estabelece que, no prazo para o oferecimento dos embargos, o devedor, que reconhecer a dívida, deverá efetuar o depósito correspondente a trinta por cento do valor da execução e requerer o pagamento parcelado do restante em até seis prestações mensais. Se esse requerimento for deferido, nenhum problema daí advirá, quanto aos embargos à execução, porque o executado, ao reconhecer a dívida, terá renunciado ao direito de resistir juridicamente aos atos executórios — hipótese em que levantará a quantia que havia depositado (*ibidem*, § 1º). Problema haverá, contudo, se esse requerimento vier a ser *indeferido*: nesse caso, o devedor não poderá oferecer embargos à execução e terá de pagar a dívida de imediato? Por uma questão de justiça e de bom senso, entendemos que se o juiz indeferir o requerimento de pagamento parcelado do saldo devedor, deverá intimá-lo não apenas para dar-lhe ciência do fato, mas para que complemente a garantia do juízo (pois teria depositado, apenas, trinta por cento do valor desta) e, depois disso, ofereça embargos à execução, no prazo de cinco dias. Convém observar que, no caso de indeferimento do pedido de parcelamento, a quantia depositada pelo devedor será mantida, prosseguindo-se com a execução.

Esta é uma razão a mais para que o Juiz do Trabalho ouça, previamente, o credor, quando o devedor requerer o pagamento parcelado do débito.

Como se nota, não são apenas razões de ordem prática, mas, também, de foro *ético* que impõem ao juiz esse procedimento, sempre que indeferir o requerimento de pagamento parcelado da dívida, formulado pelo executado. Afinal, o art. 916 do CPC, não pode converter-se em uma esparrela armada pelo sistema para ludibriar devedores incautos, mas bem-intencionados.

§ 1.º Para efeito do disposto no *caput* do art. 916, o exequente será intimado para manifestar-se. Cumprirá ao juiz decidir o requerimento no prazo de cinco dias.

§ 2.º Enquanto não for apreciado o requerimento, o executado deverá depositar as parcelas vincendas, facultando-se ao exequente levantá-las.

§ 3.º Se o requerimento do devedor for acolhido, o juiz autorizará o exequente a levantar a quantia depositada e suspenderá o processo.

§ 4.º Se a proposta do devedor for rejeitada, o processo executivo retomará de imediato o seu curso e o depósito será convertido em penhora.

§ 5.º Se o devedor, sem justificado motivo legal, deixar de pagar quaisquer das prestações ocorrerão, de maneira cumulativa, os fatos enumerados nos incisos I e II.

Inciso I. O vencimento das prestações subsequentes e a continuidade do processo, com imediato início dos atos executivos. É oportuno recordar a regra constante do art. 891 da CLT: no caso de prestações sucessivas por prazo determinado, a execução pelo não pagamento de uma prestação compreenderá as que lhe sucederem.

Inciso II. Imposição de multa de dez por cento sobre o valor das prestações não pagas. Não se tratando, na espécie, de *transação*, a mencionada penalidade pecuniária não constitui aquela cláusula penal que é costumeiramente inserida nas transações realizadas no âmbito da Justiça do Trabalho e cujo percentual, conquanto possa ser superior a dez por cento, não pode exceder ao valor do principal (CC, art. 412).

§ 6.º Na vigência do CPC de 1973, tinha-se como *tácita* a renúncia ao prazo para embargar quando o devedor reconhecesse o crédito do exequente, para efeito de obter o pagamento parcelado da dívida. No sistema do CPC atual há norma expressa sobre o assunto: a opção do devedor pelo parcelamento da dívida implica renúncia ao direito de oferecer embargos à execução. Ressalve-se, todavia, o nosso entendimento de que se o requerimento for indeferido o juiz deverá permitir ao devedor complementar a garantia do juízo e, isso feito, intimá-lo para o oferecimento de embargos à execução. A não se pensar assim, o devedor estaria desestimulado a formular requerimento dessa natureza, fazendo com que, na prática, se tornasse letra morta o art. 916 do CPC.

§ 7.º As normas constantes do art. 916 não são aplicáveis ao cumprimento da sentença — embora sejam aplicáveis, no processo do trabalho, à execução por quantia certa.

11. Garantia do juízo

A garantia do juízo representa requisito indispensável ao regular exercício do direito de o devedor oferecer embargos à execução, como declara, em linguagem inequívoca, a norma legal (CLT, art. 884, *caput*). No processo do trabalho, somente estavam dispensados desse depósito a Fazenda Pública e a massa falida (TST, Súmula n. 86). Por força da Lei n. 13.467/2017 – que inseriu o § 6.º no art. 884, da CLT –, entrementes, esse benefício foi estendido às entidades filantrópicas e àqueles que integram ou integraram a diretoria dessas instituições.

Desejando, pois, o devedor opor-se à execução, por meio do instrumento adequado dos embargos, deverá, antes disso, segurar o juízo, vale dizer, garantir a execução, seja depositando, à ordem do juízo, a quantia expressa no mandado, seja nomeando à penhora bens livres e desembargados, suficientes ao pagamento da dívida, com os *acréscimos legais*.

Não se aplica ao processo do trabalho, portanto, a regra dos arts. 525, *caput*, e 914, *caput*, do CPC, que, para efeito de impugnação à sentença e de embargos à execução, respectivamente, dispensam a garantia do juízo. No sistema do processo do trabalho, essa garantia – ressalvadas as exceções legais – será sempre exigível, pouco importando que se trate de execução calcada em título judicial ou extrajudicial (CLT, art. 884, *caput*)

Mesmo não sendo os embargos do devedor recurso (ou contestação), e sim *ação constitutiva*, justifica-se a exigência de garantia eficiente do juízo em virtude da autoridade e da força da coisa julgada material, subsumida na sentença exequenda. No processo de conhecimento, a lei não impõe ao réu — para efeito de admissibilidade da resposta que venha a oferecer — a garantia do juízo porque o direito está aí sendo *disputado* pelas partes, não sendo razoável (e quanto menos jurídico), por esse motivo, criar-se um encargo patrimonial a um dos litigantes, sem que existisse qualquer sentença condenatória, ou seja, declaratória de que o direito pertence à parte contrária. Proferida a sentença condenatória, o réu, caso tencione dela recorrer, deverá efetuar o depósito de que trata o art. 899, § 1.º, da CLT, embora limitado ao valor, periodicamente, fixado pelo TST. Na execução, o que se tem é um direito já reconhecido, definitivamente, em prol do credor e que se exterioriza sob a forma de dívida certa e quantificada, a que o devedor será chamado a solver no prazo legal. É precisamente essa certeza do direito e sua imutabilidade (na mesma relação jurídica processual) que justifica a exigência legal no sentido de que o devedor, colimando embargar a execução, garanta o juízo, mediante o depósito, à ordem deste, da quantia constante do mandado, ou indique bens a serem apreendidos pelo órgão judiciário competente.

Conquanto estes nossos argumentos hajam pressuposto a execução estribada em título *judicial* – que é a mais frequente no âmbito da Justiça do Trabalho –, a exigência de garantia da execução, quando fundada em título *extrajudicial*, vem, não apenas, da natureza do título que a legitima, mas, acima, de tudo, da inequívoca dicção do, várias vezes, mencionado art. 884, *caput*, da CLT, que impõe essa garantia, sem fazer qualquer distinção quanto ao título em que se baseia a execução.

Sendo os embargos acolhidos, o dinheiro será restituído ao devedor, ou a penhora levantada, conforme seja o caso.

Cremos que a locução "garantia do juízo" (ou da execução) deve ser sempre interpretada segundo a acepção que o seu senso literal sugere. Com isto, estamos afirmando que o juízo só estará realmente *garantido* se o valor depositado ou bens nomeados à penhora forem suficientes para satisfazer, de maneira *integral*, o direito do credor (principal, correção monetária, juros da mora etc.), assim como as despesas processuais *lato sensu* (custas, emolumentos, honorários periciais etc.). Desse modo, se o depósito ou o valor dos bens oferecidos for inferior ao da dívida e seus acréscimos, o juízo não estará, em rigor, *garantido*, motivo por que os embargos não devem ser admitidos. Pela mesma razão que a *penhora* deve ser *bastante*, como determina o art. 831, do CPC, deverá sê-lo o depósito ou o bem dado em penhora; diríamos até que, por mais forte razão, a garantia do juízo deve ser integral, porquanto é requisito *sine qua non* para o exercício do direito de resistir, juridicamente, à execução forçada. Certo segmento da jurisprudência vem, contudo, em atitude de perigosa tolerância, permitindo que o devedor embargue a execução mesmo que o valor do depósito ou dos bens penhorados não seja suficiente para satisfazer o direito do credor em sua plenitude. Pouco importa, em nossa opinião, que o devedor não possua outros bens para nomear à penhora, pois a *ação constitutiva* de embargos somente poderá ser por ele aforada, *segundo a lei vigente*, se o juízo estiver assegurado; e garantir o juízo significa, por outra forma de expressão, depositar dinheiro ou oferecer bens cujo valor seja bastante para atender ao direito do credor, abrigado no título executivo.

É por essa mesma razão que, conforme dissemos há pouco, havendo diversos devedores (em um mesmo processo), só deverão ser admitidos os embargos (individualmente oferecidos) daqueles em relação aos quais houve penhora ou garantia do juízo. Permitir, na situação em foco, que sejam admitidos os embargos dos devedores que não garantiram a execução seria não só perpetrar ofensa à letra e ao espírito da norma legal, como render oportunidade a que tenham êxito certas velhacadas postas em prática por maus devedores, consistentes em opor-se, maliciosamente, à execução, sem o encargo de colocar parte de seu patrimônio à disposição do juízo. Além disso, o acolhimento dos embargos opostos por quem garantiu a execução faria com que fosse beneficiado aquele que a ela resistiu sem sofrer qualquer inflexão estatal em seu patrimônio.

Não se ignore que, no mais das vezes, os litisconsórcios que se estabelecem na execução são do tipo *facultativo*, e não *necessário*, em decorrência da heterogeneidade das situações que vinculam os codevedores à sentença exequenda — heterogeneidade que, por sua vez, motivará a apresentação de diversos embargos e, em consequência, a separação deles para efeito não só de julgamento, mas, antes, de exigência (individual) da efetiva garantia do juízo.

Apenas, portanto, poderá embargar o devedor que haja garantido o juízo, salvo se, deixando de atender a esse requisito legal, embargue *em conjunto* com outro devedor, que tenha realizado a garantia da execução, e desde que a matéria por ambos brandida seja a mesma.

Não se deve permitir, por outro lado, que o devedor procure assegurar a execução mediante caução fidejussória, nota promissória ou qualquer outro título de crédito, *"pois seria um nunca acabar se, executado o fiador, este, por sua vez, embargasse a execução com outra caução fidejussória, e assim indefinidamente"* (Amílcar de Castro, obra cit., pág. 386).

Na hipótese de o devedor indicar bens à penhora, com vistas a embargar a execução, deverá o juiz intimar o credor para que se manifeste sobre essa nomeação, no prazo que lhe fixar. Essa intimação não é gentileza do juízo e sim direito do credor, que poderá discordar da nomeação, alegando, *e. g.*, quaisquer dos fatos relacionados pelo art. 848 do CPC. Sendo aceita a nomeação (expressa ou tacitamente), incumbirá ao juiz ordenar que o devedor, dentro do prazo razoável que lhe assinar, indique onde se encontram os bens; exiba a prova de propriedade destes; e, quando for o caso, apresente certidão negativa de ônus, assim como se abstenha de qualquer ato que dificulte ou embarace a realização da penhora. Cumpridas essas determinações, a nomeação será reduzida a *termo*, tendo-se por apreendidos os bens. Se o credor não concordar com a nomeação, caber-lhe-á apontar os bens do devedor em que a penhora deverá recair.

Ainda que o devedor exiba prova de propriedade da coisa oferecida à penhora, para efeito de oposição de embargos, não se pode afirmar, de maneira inflexível, que a execução estará verdadeiramente garantida, pois é possível que mesmo após a expropriação judicial (mas antes de assinada a respectiva carta) *terceiro* ingresse com os embargos que lhe são próprios (CPC, arts. 674 a 681). Acolhidos que sejam esses embargos, a execução não terá sido garantida pelo devedor. Idealmente, portanto, deve ser o depósito em dinheiro a forma pela qual o devedor se desincumbe desse encargo legal (CLT, art. 884, *caput*).

Essa afirmação nos conduz, aliás, a uma outra, que dela decorre: ficando provado nos autos que o devedor, embora possua dinheiro suficiente (depósito em conta corrente, em caderneta de poupança etc.) para garantir a execução, venha a oferecer outros bens à penhora, não deverá o juiz admitir os embargos que opuser, exceto se, no prazo que lhe for estabelecido, substituir os bens por dinheiro. Não há fundamento jurídico para que se elimine, em sede de embargos, a preferência legal (CPC, art. 845) pelo dinheiro, em cotejo com outros bens em geral.

12. Efeito

A CLT não contém disposição expressa quanto ao *efeito* em que os embargos do devedor devem ser recebidos.

Poder-se-ia imaginar, num primeiro momento, que essa omissão deveria ser suprida pelo art. 525, § 6.º, primeira parte, do CPC, segundo o qual a *impugnação* não impede a prática de atos executivos, inclusive os de expropriação. Entretanto, como já dissemos em linhas anteriores, o *sistema* do processo do trabalho segue sendo o dos *embargos do devedor*, não se admitindo, neste processo, a infiltração do *sistema* do CPC, que se baseia na *impugnação*.

O efeito suspensivo está implícito em duas disposições da CLT, a saber:

a) no art. 886, § 2.º, conforme o qual, julgada subsistente a penhora, o juiz determinará a avaliação dos bens penhorados. Na verdade, nos tempos atuais, essa avaliação não é realizada após a declaração judicial de subsistência da penhora, senão que imediatamente à penhora, até porque os oficiais de justiça trabalhista são, também, avaliadores. Não é este, porém, o motivo pelo qual fizemos menção a esse dispositivo legal. O que o art. 886, § 2.º, da CLT, está a revelar é o *princípio* de que somente *após* o julgamento dos embargos do devedor é que o juiz ordenará o prosseguimento da execução. É nesse julgamento que o magistrado dirá da subsistência, ou não, da penhora. Em suma, os embargos do devedor *suspendem* a execução;

b) no art. 897, § 1.º, que, em sede de agravo de petição, autoriza a execução imediata e *definitiva* dos valores *não* impugnados pelo recorrente. Isto quer dizer que os valores *impugnados* não poderão ser objeto de execução definitiva, mas, apenas, provisória. Logo, se o agravo de petição, neste caso, possui efeito suspensivo, seria ilógico imaginar-se que os embargos do devedor não possuíssem o mesmo efeito, quanto às matérias e valores contestados, pois, com isso, estar-se-ia quebrando a harmonia do sistema.

Não havendo omissão plena da CLT, não se aplicam ao processo do trabalho, conseguintemente, os arts. 525, § 6.º, e 919, do CPC, assim como outros que se coloquem em antagonismo com a referida norma processual trabalhista.

Insta esclarecer que se suspende, em virtude dos embargos, o *curso da execução*, e não a força e a eficácia do título em que aquela se baseia; tal força e eficácia só se desfazem por obra da *sentença* que julga os embargos.

Apreciados os embargos do devedor, a execução retomará o seu curso no ponto em que foi interrompida, ou será declarada extinta, conforme a sentença rejeite ou acolha tais embargos.

13. Rejeição liminar

O art. 918, do CPC, determina a rejeição liminar dos embargos do devedor:

a) quando intempestivos (inciso I);

b) quando houver indeferimento da petição inicial ou rejeição liminar do pedido (inciso II);

c) quando manifestamente protelatórios (inciso III).

O parágrafo único do mesmo preceptivo legal considera conduta atentatória à dignidade da justiça o oferecimento de embargos à execução dotados de intuito manifestamente protelatório.

Examinemos essas situações.

Caput. Não se cuida aqui de *faculdade*, senão que de *dever* do magistrado. O texto legal tem caráter impositivo, conforme revela a expressão: "O juiz *rejeitará*" (destacamos).

Inciso I. Quando intempestivos. No processo do trabalho, o prazo *ordinário* para o oferecimento de embargos à execução é de cinco dias (CLT, art. 884, *caput*); a Fazenda Pública, entretanto, possui o prazo extraordinário de trinta dias para embargar (CPC, art. 910, *caput*). O art. 775 da CLT fixa o critério para a contagem dos prazos processuais. Dispõe, todavia, a Lei n. 11.419, de 19 de dezembro de 2006 (Lei da Informatização do Processo Judicial — LIPJ): "*Art. 10. (...) § 1º Quando o ato processual tiver que ser praticado em determinado prazo, por meio de petição eletrônica, serão considerados tempestivos os efetivados até as 24 (vinte e quatro) horas do último dia*". Não podem os Tribunais, portanto, baixar normas que considerem intempestivos os atos processuais praticados por meio eletrônico antes das 24 horas.

Convém lembrar que os prazos são contados somente em dias úteis (CLT, art. 775, *caput*.

Inciso II. Indeferimento da petição inicial e rejeição liminar da demanda.

Nos termos do art. 330 do CPC a petição inicial será indeferida quando:

I — for inepta;

II — a parte for manifestamente ilegítima;

III — o autor carecer de interesse processual;

IV — não atendidas as prescrições dos arts. 106 e 321.

Considera-se inepta a petição inicial quando:

I — lhe faltar pedido ou causa de pedir;

II — da narração dos fatos não decorrer logicamente a conclusão;

III — contiver pedidos incompatíveis entre si (*ibidem*, parágrafo único).

Por outro lado, o art. 332 afirma que o juiz deverá rejeitar, liminarmente, o pedido que contrariar:

I — enunciado de súmula do Supremo Tribunal Federal ou do Superior Tribunal de Justiça;

II — acórdão proferido pelo Supremo Tribunal Federal ou pelo Superior Tribunal de Justiça em julgamento de recursos repetitivos;

III — entendimento firmado em incidente de resolução de demandas repetitivas ou de assunção de competência;

IV — enunciado de súmula de tribunal de justiça sobre direito local.

Nas situações mencionadas, o juiz estará autorizado a indeferir, desde logo, a petição inicial dos embargos à execução, extinguindo o procedimento sem resolução do mérito (CPC, art. 485, I). No caso do art. 330, todavia, essa extinção somente estará autorizada se a parte, dentro do prazo de quinze dias que lhe foi fixado pelo juiz, não emendar ou completar a petição inicial (CPC, art. 321).

Inciso III. Quando manifestamente protelatórios. Conquanto a figura dos embargos em exame tenha sido legalmente instituída para propiciar ao devedor oportunidade de resistir, juridicamente, aos atos executivos, a mesma norma legal sanciona o devedor quando este fizer uso desses embargos com a manifesta intenção de procrastinar a execução. A sanção, no caso, constituirá na rejeição liminar dos embargos. O intuito manifestamente protelatório dos embargos do devedor deverá ser examinado em cada caso concreto; apesar disso, podemos dizer que, de modo genérico, esse intuito estará caracterizado quando, por exemplo, o devedor estiver desrespeitando a coisa julgada material — no caso de execução fundada em título judicial. Uma nótula importante: os embargos do devedor somente poderão ser rechaçados desde logo quando o escopo protelatório for *manifesto,* vale dizer, evidente, saltar aos olhos já em um primeiro exame. Na dúvida, o juiz não os deve rejeitar.

Por outro lado – repitamos – o juiz, constatando que a inicial dos embargos do devedor não preenche os requisitos exigidos pelos arts. 319 e 320 do CPC, ou que apresenta defeitos e irregularidades capazes de dificultar o julgamento da causa, determinará que o embargante a emende, ou a complete, no prazo de quinze dias (CPC, art. 321 *caput*); não cumprida a diligência determinada, a inicial será indeferida (*ibidem*, parágrafo único).

Entendemos que a petição inicial de embargos à execução deva ser também indeferida, *in limine*, quando o devedor não indicar, fundamentadamente, os itens e valores objeto da discordância, por analogia ao art. 879, § 2.º, da CLT.

Uma palavra final sobre o poder (e dever) que o juiz tem de indeferir, *in limine*, a petição de embargos à execução.

É de sabença geral que o processo moderno não é, como o de outrora, coisa ou propriedade das partes (*sache der parteien*), razão por que dele não podem dispor do modo como melhor lhes aprouver. Sendo o processo método ou técnica estatal de solução dos conflitos de interesses existentes entre os indivíduos, a relação jurídica que em virtude dele enlaça as partes e o próprio juiz é de caráter *publicístico*, sendo infundado imaginar que possua índole contratual.

Nem é o juiz mero *convidado de pedra*, nessa relação jurídica, a assistir, passivamente, as partes a se digladiarem com liberdade para, afinal, limitar-se a proclamar o vencedor nessa pugna arbitrária. O juiz, hoje, se encontra investido na qualidade indeclinável de reitor, de diretor soberano do processo, incumbindo-lhe não só dispensar às partes um tratamento isonômico; velar pela rápida solução do litígio; prevenir ou reprimir qualquer ato contrário à dignidade da justiça, como fazer com que as partes respeitem as regras relativas ao procedimento legal (*due process of law*) e pratiquem os atos processuais que lhes cabem, no prazo e *forma* prescritos em lei. Logo, se o devedor apresenta os seus embargos fora do prazo; não os fundamenta em quaisquer das matérias enumeradas pelo texto legal; elabora petição inepta; é parte ilegítima para exercer o direito de opor-se à execução ou dirige os seus embargos a quem é destituído de legitimidade para contestá-los; não possui interesse processual; escolhe procedimento inconciliável com o da execução a que se opõe etc., constitui dever do juiz rejeitar, no nascedouro, a petição inicial (CPC, art. 330).

No processo do trabalho, a sentença que indefere, liminarmente, a petição inicial de embargos pode ser impugnada por meio do recurso de agravo de petição (CLT, art. 897, "a"). Trata-se de sentença e não de decisão interlocutória, como se possa imaginar, uma vez que dotada de eficácia para dar fim ao processo de embargos, decidindo ou não o mérito (*ibidem*).

Parágrafo único. O executado possui o direito de resistir, juridicamente, aos atos executivos mediante embargos à execução. Caso, porém, esses embargos possuam intuito manifestamente protelatório estará configurada, por parte do embargante, conduta atentatória à dignidade da justiça, fazendo com que responda pela multa de vinte por cento do valor atualizado da dívida, em benefício do exequente, sem prejuízo de outras sanções de natureza processual ou material (CPC, arts. 77, §§ 2.º a 4.º, e 774, parágrafo único).

14. Matérias alegáveis

14.1. Execução de título judicial

Segundo o art. 884, § 1.º, da CLT, a matéria de defesa, nos embargos oferecidos pelo devedor, à execução fundada em título judicial "*será restrita às alegações de cumprimento da decisão ou do acordo, quitação ou prescrição da dívida*".

Antes de nos dedicarmos à apreciação individuada dessas matérias, é imprescindível verificarmos se as alegações do embargante, no processo do trabalho, devem ficar realmente *restritas* à previsão da norma legal citada, ou podem, por extensão, fundar-se nos arts. 525, § 1.º, e 917, do CPC.

Prevalecesse o senso exclusivamente literal do preceito normativo trabalhista, *sub examen*, haveríamos de concluir que ao embargante seria lícito, apenas, alegar cumprimento do acordo ou da decisão, quitação ou prescrição da dívida, porquanto *restringir* significa limitar, circunscrever. A interpretação literal é, no entanto, a mais pobre das técnicas hermenêuticas, seja no particular ou no geral.

Seria insensato supor, p. ex., que ao embargante fosse defeso alegar a inexigibilidade do título, a ilegitimidade de parte, a incompetência do juízo, o impedimento ou a suspeição do juiz, o excesso de execução e o mais, como se esses fatos não existissem no mundo jurídico. A riqueza e a amplitude da realidade prática não podem ser confinadas nos estreitos limites da previsão do art. 884, § 1.º, da CLT, sob pena de perpetrar-se, com isso, odiosa ofensa a direitos legítimos do devedor. Se, para alguns, a particularidade de o legislador trabalhista haver pretendido limitar as matérias a serem suscitadas pelo embargante àquelas mencionadas no texto deveu-se à sua preocupação de permitir que a execução tivesse curso célere, para nós o fato deve ser atribuído a uma visão simplista (ou estrábica) da realidade em que o processo se desenvolve. O processo do trabalho pode ser simples sem ser simplório, assim como pode perseguir o ideal de celeridade sem sacrifício de certos direitos constitucionais essenciais à defesa dos interesses das partes.

A praxe, mais sábia do que o legislador, vem permitindo que o embargante alegue matéria não relacionada no art. 884, § 1.º, da CLT, mas de alta relevância para o processo e para o próprio Judiciário.

O que se pode admitir é que, para efeito de matérias a serem alegadas pelo devedor, em seus embargos, haja conjugação dos arts. 525, § 1.º, e 917, do CPC, embora este último diga respeito à *execução* fundada em título *extrajudicial*.

Estabelecido, a poder desses argumentos, que o antedito preceito legal trabalhista não deve receber a interpretação que a estreiteza de sua letra sugere, vejamos, a seguir, os motivos legais (CLT e CPC) que o devedor pode alegar como fundamento dos seus embargos. Principiemos pela CLT.

> a) *Cumprimento da decisão ou do acordo*. Se, ao ser citado, o devedor já cumprira, por inteiro, a obrigação que dá conteúdo ao título executivo (sentença condenatória ou homologatória da transação), esse fato deverá ser alegado na oportunidade dos embargos que opuser. Dada a natureza do ato (pagamento), a prova correspondente deverá ser, por princípio, documental, embora possa o juiz permitir que, em situações especiais, o devedor produza a prova necessária por outros meios legais, hipótese em que designará audiência para a instrução processual (CLT, art. 884, § 2.º) ou determinará a realização de exame pericial. Se o credor arguir a falsidade do documento mediante o qual o devedor pretende comprovar o cumprimento da obrigação, o incidente será processado na forma dos arts. 390 a 395 do CPC, ficando suspenso o processo de embargos (uma vez que a execução já se encontrava suspensa em decorrência dos embargos) até que se resolva o incidente.

Um esclarecimento: acabamos de afirmar que o devedor, ao ser citado, poderá alegar – e provar – *nos embargos à execução*, o cumprimento da decisão ou do acordo. Nada obsta, porém, a que ele, sendo citado, comprove o cumprimento da decisão ou do acordo, não por meio de embargos à execução, e sim, de exceção de pré-executividade. Para fazer uso dos embargos, o devedor deveria realizar a garantia patrimonial do juízo – CLT, art. 884 –, sob pena de os seus embargos não serem admitidos; manejando a exceção de pré-executividade, estará dispensado desse ônus patrimonial. Tocaria as fímbrias do absurdo eventual exigência do magistrado de que o devedor deveria valer-se dos embargos à execução para comprovar as mencionadas alegações.

b) *Quitação*. Na terminologia jurídica, é o ato pelo qual alguém se desobriga de pagar o que deve. Pode advir de causas diversas, dentre as quais está o próprio pagamento da dívida ou o cumprimento do acordo. O Código Civil regula a matéria nos arts. 319 a 326. O poder de dar quitação, contudo, não se compreende na cláusula *ad iudicia*, devendo, por isso, estar expresso no mandato que for outorgado ao advogado (CPC, art. 38).

c) *Prescrição da dívida*. Ao aludir à prescrição liberatória da dívida, o legislador trabalhista deixou patenteado que essa *praescriptio* é a *intercorrente*, vale dizer, a que se forma no curso da ação, de permeio. A *dívida*, em rigor, só passa a existir, em sua conformação jurídica, após o trânsito em julgado da sentença condenatória ou da homologatória da transação, pois é a partir desse momento que o réu se converte em *devedor*. A prescrição consumada antes do proferimento da sentença exequenda não pode ser alegada em embargos, sob pena de desrespeito à coisa julgada material; tal prescrição deveria ter sido suscitada na oportunidade da contestação apresentada no processo de conhecimento.

A Súmula n. 114 do TST, ao proclamar ser *"inaplicável na Justiça do Trabalho a prescrição intercorrente"*, não atendeu à circunstância de que o art. 884, § 1.º, da CLT a *admite*; do entrechoque da Súmula com a norma legal, a prevalência é, sem dúvida, desta última.

Visando a dar cobro às controvérsias doutrinárias e jurisprudenciais que se estabeleceram acerca do assunto, a Lei n. 13.467/2017 inseriu o art. 11-A, na CLT, dispondo: "Ocorre a prescrição intercorrente no processo do trabalho no prazo de dois anos".

O processo civil apresenta uma divisão dicotômica quanto às matérias que o devedor possa alegar, conforme seja: a) no *cumprimento da sentença* (art. 525, § 1.º) ou b) nos *embargos à execução* (art. 917). Este último diz respeito à execução fundada em título *extrajudicial*.

Passemos, agora, à apreciação das matérias que o art. 525, § 1.º, do CPC permite serem alegadas pelo embargante, a fim de opinarmos sobre a sua compatibilidade, ou não, com o processo do trabalho, observando que essas matérias se referem à execução lastreada em título executivo *judicial*.

d) *Falta ou nulidade de citação no processo de conhecimento, se a ação lhe correu à revelia* (I). O processo do trabalho não admite os embargos do devedor aviados por esse fundamento.

No processo civil, a regra é de que contra o revel, que não tenha advogado nos autos, os prazos fluirão independentemente de intimação, a contar da publicação de cada ato decisório no órgão oficial (art. 346). Isso quer dizer que ele não será intimado da sentença condenatória, emitida no processo cognitivo, nada obstante lhe seja consentido intervir no processo em qualquer fase, recebendo-o no estado em que se encontra (*ibidem*, parágrafo único). Assim sendo, é provável que o revel só venha a tomar conhecimento da existência de sentença condenatória na oportunidade em que for citado para a execução; esse é o motivo pelo qual o CPC lhe permite alegar, nos embargos, a nulidade ou a falta de citação, no processo cognitivo.

Na órbita peculiar do processo do trabalho, entretanto, o revel *deve* ser intimado da sentença que compôs a lide, por força do princípio embutido no art. 852, da CLT. Dessa maneira, se o revel pretender elidir esse seu estado processual, deverá fazê-lo em sede de recurso ordinário (CLT, art. 895, "*a*"), sendo inadmissível que se reserve para tentar anular o processo de conhecimento por ocasião dos embargos que oferecer à execução.

Note-se, assim, que ambos os sistemas — o do CPC e o da CLT — apresentam uma estrutura lógica e harmoniosa, segundo a óptica de suas especificidades; essa estrutura do processo trabalhista fica, porém, gravemente ameaçada quando se tenta nela introduzir elementos tirados à estrutura do processo civil; estas funcionam, em tais casos, como "rolhas redondas em orifícios quadrados".

A doutrina e a jurisprudência têm admitido, em construção razoavelmente aceitável, que o revel, citado para a execução, interponha recurso ordinário da sentença condenatória, pois foi nesse momento que teve ciência, pela primeira vez, da existência do referido pronunciamento jurisdicional. Quer-nos parecer, contudo, que a melhor solução jurídica seria a que remetesse o revel à via rescisória, pois se sabe que o nulo também transita em julgado (CPC, art. 966, V). Se, porém, argumentamos com a *inexistência* do ato (citação relativa ao processo de conhecimento) e não com a sua *nulidade*, haveríamos de reconhecer que o revel, ao ser citado para a execução, deveria apresentar não recurso ordinário e sim *resposta* (exceção, contestação ou reconvenção), ou, quando menos, alegando a inexistência do ato, solicitar a designação de audiência para, nela, *responder* à ação.

Em páginas anteriores, tiramos as seguintes conclusões a respeito da possibilidade de o devedor alegar, nos embargos à execução, a nulidade do processo de conhecimento, que se formou e se desenvolveu à sua revelia: a) cuidando-se de citação *nula*, ou seja, que foi efetuada, embora em desacordo com a lei, não será possível ao devedor alegá-la nos embargos, pois em nosso sistema jurídico o nulo também se submete ao fenômeno da coisa julgada (material); dessa forma, a nulidade deve ser desfeita pela ação rescisória da sentença; b) tratando-se de *falta* de citação, deve ser verificado se o réu foi intimado, ou não, da sentença proferida à sua revelia.

No primeiro caso, não poderá arguir, nos embargos, o vício, porque, ao ser intimado da sentença, deveria tê-la impugnado mediante recurso ordinário, ocasião em que postularia perante o tribunal a declaração de *inexistência* do processo cognitivo, tirante a petição inicial. Ao não recorrer da sentença, permitiu que esta, em situação verdadeiramente extraordinária, passasse em julgado (uma vez que a inexistência, ao não ser alegada no momento oportuno, fez gerar a preclusão). Logo, poderá fazer uso da via rescisória para obter a desconstituição dos efeitos da coisa julgada.

No segundo, será permitido ao devedor (portanto, na execução) alegar a *inexistência* do processo cognitivo, por falta de citação, pois somente ao ser cientificado da execução da sentença foi que tomou conhecimento da existência da ação (demanda) — lembrando-se que não havia sido intimado da sentença condenatória.

A inexistência deverá ser pronunciada, sempre que for o caso, pelo próprio juízo da execução, porquanto a norma proibitiva, que se irradia do art. 494 do CPC, só se justifica diante das sentenças válidas ou nulas, nunca das inexistentes, que correspondem a uma espécie de *nihil* jurisdicional.

e) *Ilegitimidade de partes* (II). Nada há a impedir a aplicação, ao processo do trabalho, dessa norma do processo civil.

Comumente, encontram-se legitimados para compor a relação processual executiva as partes nominadas no título exequendo; sob esse aspecto, são raros os casos em que o devedor encontrará ensanchas para alegar a ilegitimidade (ativa ou passiva) de partes. Ocorrendo, todavia, alguma *novação subjetiva* do título, ou vindo a execução a ser dirigida a quem legalmente não pode ou não deve integrar a relação processual, terá o *executado* (não necessariamente o devedor), ao receber a citação, diante de si a oportunidade para alegar o fato. A legitimidade ativa para a execução está prevista no art. 778 do CPC, a passiva, no art. 779 do mesmo Código.

Na execução fundada em título *extrajudicial* haverá mais espaço para a alegação de ilegitimidade de parte.

Acolhidos os embargos, por esse fundamento, o exequente será declarado carecedor da ação (CPC, arts. 17 e 485, VI).

f) *Inexequibilidade do título ou inexigibilidade da obrigação* (III). É plenamente conciliável com o processo do trabalho essa causa para oferecimento de embargos à execução.

Os textos legais anteriores aludiam à *inexigibilidade da obrigação*. O texto atual, doutrinariamente mais preciso, se refere à *inexequibilidade do título e à inexigibilidade da obrigação*, por serem coisas distintas.

Sobre a exigibilidade do título executivo discorremos em páginas anteriores. Queremos agora apenas sublinhar que, a teor do art. 78, do CPC, a execução para cobrança de crédito fundar-se-á, sempre, em título contendo obrigação certa, líquida e *exigível*. Essa locução legal comete, contudo, o deslize de imaginar que a obrigação em apreço reflita *três* qualidades (certeza, liquidez e exigibilidade), quando se sabe que, em rigor, se resumem a *duas*, pois a liquidez compreende a certeza. A obrigação, para fundar a cobrança de crédito, há de ser, portanto, líquida e exigível; e, com isso, se diz tudo.

A exigibilidade, por seu turno, exprime a ideia de que o credor poderá reclamar ao devedor a contraprestação que a este corresponde, sem que tenha, para tanto, de atender a quaisquer outras condições. Sentença pendente de recurso recebido no efeito apenas "devolutivo" é título inexigível.

g) *Penhora incorreta ou avaliação errônea* (IV). Penhora incorreta é a realizada em desobediência às normas legais, como no caso dos arts. 833 (bens impenhoráveis), 835 (ordem preferencial) e 836 (penhora inútil). Avaliação errônea haverá, *v. g.*, quando realizada em desacordo com o art. 872, do CPC.

h) *Excesso de execução ou cumulação indevida de execuções* (V).

h.a) Há *excesso de execução*, conforme o art. 917, § 2.º do CPC, quando:

1) *O credor pleiteia quantia superior à do título*. Na sistemática do processo do trabalho, a sentença de liquidação não pode ser impugnada autonomamente, e sim na oportunidade em que o devedor possa oferecer embargos à execução (CLT, art. 884, § 3.º). O mesmo direito é assegurado ao credor, tenham, ou não, sido opostos embargos (*ibidem*).

Dessa forma, se o credor está postulando quantia que excede à do título executivo, caberá ao devedor, ao embargar a execução, impugnar a decisão de quantificação da dívida, a fim de que o excedente seja extirpado. Note-se que o excesso de execução não implica nulidade do processo; logo, o que o juiz deve fazer, ao acolher os embargos do devedor, é cortar o que está sobejante do título e dar prosseguimento à execução, agora pelo valor exato.

2) *Quando recai sobre coisa diversa daquela declarada no título*. Quando a execução estiver sendo realizada por coisa distinta daquela mencionada na

sentença, incumbe ao devedor denunciar a irregularidade ao juiz, mediante a ação constitutiva de embargos.

A diversidade, referida no inc. II, § 2.º, do art. 917, do CPC, tanto pode ser em relação à quantidade quanto à qualidade das coisas devidas, nas obrigações de dar coisas certas ou incertas (arts. 806 e 811). Nesse caso, a sentença que acolher os embargos poderá sancionar essa desconformidade com a pena de anulação do processo, ou adequar a execução à quantidade espelhada no título.

3) *Quando se processa de modo diferente do que foi determinado na sentença.* As sentenças devem ser executadas mediante fiel observância ao seu comando e conteúdo. Logo, não se pode executar como obrigação de pagar a quantia certa aquela que tenha sido objeto de condenação à prestação de entregar coisa certa ou incerta; de igual modo, haverá desvio do conteúdo da sentença quando se executa a coisa *in natura*, tendo a sentença condenado o réu, apenas, a indenizar o equivalente.

Configura-se, também, excesso de execução (pela causa legal em exame) o promover-se a execução mediante cálculos, quando a sentença tenha ordenado que a quantificação se estabelecesse por meio de artigos.

4) *Quando o credor, sem cumprir a prestação que lhe corresponde, exige o adimplemento da do devedor.* Há, aqui, reiteração prática da regra contida no art. 787 do CPC, conforme a qual, "*Se o devedor não for obrigado a satisfazer sua prestação senão mediante a contraprestação do credor, este deverá provar que a adimpliu ao requerer a execução, sob pena de extinção do processo*".

O inc. IV, § 2.º, do art. 917 do CPC revela uma típica exceção *non adimpleti contractus*, que é de natureza substancial. Não é lícito ao credor, pois, promover a execução para exigir o adimplemento da prestação do devedor, sem que tenha cumprido a que lhe corresponde.

Essa execução precipitada deverá ser resistida pelo devedor, via embargos; acolhendo-os, a sentença declarará o credor carecente da ação, por faltar-lhe *interesse processual*.

Cumprindo o credor a obrigação que lhe correspondia, poderá exigir, em nova execução, o adimplemento da que está afeta ao devedor.

5) *Se o credor não provar que a condição se realizou.* Reproduz-se, aqui, o princípio expresso no art. 514 do mesmo diploma processual, de que, quando o juiz decidir relação jurídica sujeita a condição ou termo, o credor não poderá executar a sentença sem provar que a condição se realizou ou o termo ocorreu.

A condição suspensiva, como é de sua índole, inibe a produção de efeitos inerentes ao negócio jurídico enquanto não sobrevier o acontecimento subordinante de sua eficácia (CC, art. 125).

Também aqui será declarado carecedor da ação o credor que promover a execução sem produzir prova de que a condição suspensiva se realizou.

h.b) Cumulação indevida de execuções. Permite o art. 780, do CPC, que, sendo o mesmo o devedor, o credor cumule várias execuções, ainda que estribadas em títulos diversos, contanto que para todas elas seja competente o juiz e idêntico o procedimento. Observados esses requisitos, a cumulação será considerada perfeita, ou seja, *devida*. Se o juiz não for competente para apreciar todas as execuções, ou o procedimento for heterogêneo, essa cumulação será declarada *indevida*; caberá ao devedor denunciá-la por ocasião dos embargos (CPC, art. 525, § 1.º, V).

Um outro exemplo de cumulação indevida pode ser identificado na execução de quantias *líquidas* e de quantias *ilíquidas*, a um só tempo, pois, embora aquelas se prestem à execução, estas devem ser previamente quantificadas (liquidadas); na espécie, o credor teria feito mau uso, ou uso propositadamente maldoso, da faculdade que lhe concedia o § 2.º, do revogado art. 586, CPC – faculdade, todavia, que ficou inalterada no plano do processo do trabalho.

Caracterizada a cumulação indevida de execuções, no exemplo acima formulado, não deverá o juiz acolher, por inteiro, os embargos, e sim em parte, mandando extirpar da execução as quantias ilíquidas, e permitindo o prosseguimento pelas *líquidas*. Assim agindo, estará aplicando, com exatidão, a norma legal (*ibidem*).

i) *Incompetência absoluta ou relativa do juízo da execução*. (VI). Tratando-se de execução fundada em título *judicial*, emitido por órgão da Justiça do Trabalho, escasseiam as situações em que o devedor poderá alegar a incompetência do juízo, seja relativa, seja absoluta. Um desses raros casos ocorreria se, cuidando-se de execução por meio de carta precatória, esta fosse dirigida a juízo incompetente em razão do território.

j) *Qualquer causa impeditiva, modificativa ou extintiva da obrigação, como pagamento, novação, compensação com execução aparelhada, transação ou prescrição, desde que supervenientes à sentença* (VII). Do pagamento (cumprimento da decisão ou do acordo e quitação), da transação e da prescrição extintiva fala o § 1.º do art. 884 da CLT. De modo geral, contudo, o embargante pode alegar qualquer causa capaz de modificar, impedir ou extinguir o direito do credor, desde que *superveniente* à sentença exequenda. Insere-se, nesse conceito, a novação; entendemos, contudo, ser remota a possibilidade de o embargante solicitar, no processo do trabalho, compensação com execução aparelhada.

De qualquer forma, a enumeração feita pelo inciso VI do § 1.º do art. 525, do CPC, não é *exaustiva*, permitindo-se ao embargante, em razão disso, alegar outros fatos que possam desfazer a execução. O advérbio *como*, empregado na redação da norma legal citada, desnuda o caráter meramente *exemplificativo* das causas ali descritas.

Como o embargante alega um fato modificativo, impeditivo ou extintivo do direito do credor, a ele incumbe o ônus da prova (CLT, art. 818).

O art. 525, § 1.º, do CPC, contém, nos §§ 2.º a 15, outras disposições acerca do tema. Façamos uma transcrição desses parágrafos, comentando-os, passo a passo.

§ 2.º A alegação de impedimento ou suspeição observará o disposto nos arts. 146 e 148.

No sistema do CPC, o impedimento ou a suspeição do magistrado deverão ser alegados não na impugnação, mas mediante o incidente de que cuida o art. 146. No processo do trabalho, tanto o impedimento quanto a exceção devem ser arguidas por meio de *exceção* (CLT, arts. 799 a 802).

§ 3º Aplica-se à impugnação o disposto no art. 229.

A aplicação do art. 229 significa que se houver mais de um executado com procuradores de escritórios de advocacia distintos os prazos para a impugnação serão contados em dobro, independentemente de requerimento. Consta do sobredito preceptivo legal:

Art. 229. Os litisconsortes que tiverem diferentes procuradores, de escritórios de advocacia distintos, terão prazos contados em dobro para todas as suas manifestações, em qualquer juízo ou tribunal, independentemente de requerimento.

§ 1º Cessa a contagem do prazo em dobro se, havendo apenas 2 (dois) réus, é oferecida defesa por apenas um deles.

§ 2º Não se aplica o disposto no *caput* aos processos em autos eletrônicos.

Comentemos.

Caput. No sistema do CPC revogado, quando os litisconsortes possuíssem diferentes procuradores o prazo ser-lhes-ia contado em dobro para contestar, para recorrer e, de modo geral, para falar nos autos (art. 191). O CPC atual não alterou a essência da norma anterior: apenas esclareceu que a contagem de prazo em dobro ocorrerá quando os diferentes procuradores integrarem escritórios jurídicos *distintos*. Em sentido inverso, não haverá a contagem dúplice do prazo processual se, a despeito de serem diferentes os procuradores, eles fizerem parte do *mesmo* escritório jurídico.

Cabe, aqui, uma observação de ordem prática: quando o prazo for fixado por lei, não haverá dificuldade em saber que deverá ser contado de forma dúplice para os litisconsortes. Dificuldade poderá surgir, contudo, quando o prazo for assinado pelo juiz, pois não se saberá se esse prazo já está duplicado, ou não. Digamos que sejam partes no processo, de um lado, o Ministério Público, de outro, determinada pessoa física, com seu advogado. Não há, pois, litisconsórcio. O juiz despacha algo como: "Manifestem-se as partes no prazo sucessivo de dez dias, a iniciar-se pelo Ministério Público". Neste caso, o prazo deverá ser contado em dobro somente para o Ministério Público, por força do disposto no art. 180, do CPC. No processo em que forem partes o Ministério Público (como autor, digamos) e os litisconsortes (como réus), se o despacho judicial for: "Manifestem-se as partes no prazo comum de dez dias", presume-se que esse prazo já esteja duplicado para todos. Enfim, o juiz deverá tomar o cuidado de esclarecer se o prazo por ele assinado já está em dobro, ou não.

A OJ n. 310, da SBDI-I, do TST, todavia, entende não ser aplicável ao processo do trabalho a regra do CPC que determina a contagem em dobro do prazo quando os litisconsortes possuírem procuradores judiciais distintos (e integrantes de escritórios jurídicos diversos). Entende, a referida OJ, que a norma do CPC é incompatível "com o princípio da celeridade inerente ao processo trabalhista". Esse argumento, contudo, é insustentável, seja do ponto de vista prático, seja do ponto de vista jurídico. Com efeito, sob o aspecto prático, a mencionada OJ soa a irrisão, pois se considerarmos que, em média, a coisa julgada, na Justiça do Trabalho, consome algo em torno de quatro, cinco anos, ou mais, para ser constituída, que influência teria nesse grave quadro de tardança a mera duplicação de um prazo para recorrer, para embargar etc.? Há situações em que o juiz, por exemplo, leva dois, três, quatro meses, ou mais, para proferir a sentença e nunca se disse que essa explosão do prazo conspira contra o princípio da celeridade inerente ao processo do trabalho. O mesmo se afirme quando um tribunal demora um ano para colocar o processo em pauta, para julgamento. Sob o aspecto jurídico, a inaplicabilidade ao processo do trabalho da regra contida no art. 229, do CPC (art. 191, no CPC revogado) transgride a garantia constitucional da ampla defesa e do devido processo legal (CF, art. 5º, LIV e LV), pois muitas vezes os litisconsortes com advogados diferentes e participantes de escritórios jurídicos distintos não conseguem chegar a um entendimento quanto à retirada dos autos em carga, criando-lhes, com isso, enormes dificuldades para contestar, para recorrer, para embargar etc.

Já é tempo de a SBDI-I, do TST, cancelar a sua OJ n. 310, em respeito às garantias constitucionais da ampla defesa e do devido processo legal.

Aliás, diante da redação dos arts. 180 e 186 do CPC a SBDI-I, do TST, também afirmaria que o Ministério Público e a Defensoria Pública não poderiam ter contado em dobro os prazos em seu favor porque isso atentaria contra o princípio da celeridade do processo do trabalho? A propósito, nesse processo especializado a Fazenda Pública dispõe não do prazo em dobro, mas em quádruplo para contestar, por força da regra contida no inciso II do art. 1º do Decreto-Lei n. 779/69.

§ 1º Tratando-se de regime litisconsorcial passivo, constituído por duas pessoas com advogados diferentes e integrantes de escritórios de advocacia diversos, cessará a contagem do prazo em dobro se apenas um dos réus oferecer defesa. A norma não explicita, entretanto, o seu alcance: a cessação de prazo em dobro perduraria por todo o processo, mesmo que o réu revel viesse a interpor recurso ordinário da sentença? Entendemos que não. O texto legal parece estar a pressupor que o réu revel não praticaria nenhum ato nos autos do processo. Praticado que seja o ato — no caso, a interposição de recurso ordinário —, restabelece-se a contagem dobrada dos prazos processuais em decorrência da atuação do outro litisconsorte no processo.

§ 2º Se o processo for eletrônico, não se aplica a regra da contagem em dobro dos prazos, mesmo que os litisconsortes possuam diferentes procuradores, integrantes de escritórios de advocacia diversos.

Retornemos ao art. 525, do CPC.

§ 4º Quando o executado alegar que o exequente, em excesso de execução, pleiteia quantia superior à resultante da sentença, cumprir-lhe-á declarar de imediato o valor que entende correto, apresentando demonstrativo discriminado e atualizado de seu cálculo.

Não basta ao executado alegar excesso de execução; é necessário que também aponte, desde logo, o valor que entende ser devido. Para isso, deverá apresentar demonstrativo discriminado e atualizado do seu cálculo. A norma é compatível com o processo do trabalho.

§ 5º Na hipótese do § 4º, não apontado o valor correto ou não apresentado o demonstrativo, a impugnação será liminarmente rejeitada, se o excesso de execução for o seu único fundamento, ou, se houver outro, a impugnação será processada, mas o juiz não examinará a alegação de excesso de execução.

Se o exequente não indicar o valor correto ou deixar de apresentar o demonstrativo, a impugnação deverá ser rejeitada *in limine*, caso o excesso de execução seja o seu único fundamento. Se houver outro fundamento, a impugnação será processada, mas o juiz não apreciará a alegação de excesso de execução.

§ 6º A apresentação de impugnação não impede a prática dos atos executivos, inclusive os de expropriação, podendo o juiz, a requerimento do executado e desde que garantido o juízo com penhora, caução ou depósito suficientes, atribuir-lhe efeito suspensivo, se seus fundamentos forem relevantes e se o prosseguimento da execução for manifestamente suscetível de causar ao executado grave dano de difícil ou incerta reparação.

O oferecimento da impugnação não impede a realização de atos executivos, aqui incluída a própria expropriação de bens penhorados. Se o executado garantir o juízo com penhora, caução ou depósito suficientes, o juiz poderá atribuir efeito suspensivo à impugnação, desde que: a) os fundamentos desta sejam relevantes; e b) a continuidade da execução seja manifestamente suscetível de acarretar grave dano de difícil ou incerta reparação ao executado. No processo do trabalho, os embargos do devedor devem ser precedidos da garantia do juízo (CLT, art. 884) e suspendem a execução. São inaplicáveis ao processo do trabalho, por isso, as disposições dos §§ 6º ao 10, deste artigo.

§ 7º A concessão de efeito suspensivo a que se refere o § 6º não impedirá a efetivação dos atos de substituição, de reforço ou de redução da penhora e de avaliação dos bens.

O efeito suspensivo, atribuído à execução nos termos do § 6º, não obstará a prática de atos de substituição, reforço ou redução da penhora e de avaliação dos bens. Nota-se, portanto, que no sistema do CPC o efeito suspensivo não impede o prosseguimento da execução, servindo, apenas, para impedir atos de expropriação.

§ 8º Quando o efeito suspensivo atribuído à impugnação disser respeito apenas a parte do objeto da execução, esta prosseguirá quanto à parte restante.

Se o efeito suspensivo concedido à impugnação referir-se a parte do objeto da execução, esta prosseguirá quanto à parte restante. Aqui, o legislador disse o óbvio. No processo do trabalho, conforme afirmamos, os embargos do devedor suspendem a execução.

§ 9º A concessão de efeito suspensivo à impugnação deduzida por um dos executados não suspenderá a execução contra os que não impugnaram, quando o respectivo fundamento disser respeito exclusivamente ao impugnante.

O fato de o juiz conceder efeito suspensivo à impugnação apresentada por um dos executados não aproveitará os demais, que não impugnaram a execução. Para que isso ocorra, é necessário que o fundamento da impugnação diga respeito exclusivo àquele que a apresentou. Se ao contrário, a única impugnação oferecida contiver matéria que se refira a todos os executados, o efeito suspensivo que lhe vier a ser atribuído beneficiará a todos.

§ 10. Ainda que atribuído efeito suspensivo à impugnação, é lícito ao exequente requerer o prosseguimento da execução, oferecendo e prestando, nos próprios autos, caução suficiente e idônea a ser arbitrada pelo juiz.

Mesmo que tenha sido atribuído efeito suspensivo à execução, o exequente poderá requerer ao juiz que dê prosseguimento a ela, prestando, com vistas a isso, caução idônea e suficiente a ser arbitrada pelo juiz.

§ 11. As questões relativas a fato superveniente ao término do prazo para apresentação da impugnação, assim como aquelas relativas à validade e à adequação da penhora, da avaliação e dos atos executivos subsequentes, podem ser arguidas por simples petição, tendo o executado, em qualquer dos casos, o prazo de 15 (quinze) dias para formular esta arguição, contado da comprovada ciência do fato ou da intimação do ato.

As matérias supervenientes ao encerramento do prazo para a impugnação, assim como as relativas à validade e à adequação da penhora, da avaliação e dos atos executivos, poderão ser arguidas por meio de simples petição, que deverá ser apresentada em juízo, pelo executado, dentro do prazo de quinze dias, contado da comprovada ciência do fato ou da intimação do ato. Norma é aplicável ao processo do trabalho; o mesmo dizemos em relação aos §§ 12 a 15.

§ 12. Para efeito do disposto no inciso III do § 1º deste artigo, considera-se também inexigível a obrigação reconhecida em título executivo judicial fundado em lei ou ato normativo considerado inconstitucional pelo Supremo Tribunal Federal, ou fundado em aplicação ou interpretação da lei ou do ato normativo tido pelo Supremo Tribunal Federal como incompatível com a Constituição Federal, em controle de constitucionalidade concentrado ou difuso.

Para efeito da inexequibilidade do título ou da inexigibilidade da obrigação, considera-se também inexigível a obrigação reconhecida em título executivo judicial fundado em lei ou em ato normativo declarado inconstitucional pelo STF, ou baseado em aplicação ou interpretação de lei ou de ato normativo considerado pelo STF, em controle de constitucionalidade concentrado ou difuso, como incompatível com a Constituição da República.

Na vigência do CPC de 1973, doutrina e jurisprudência haviam firmado o entendimento de que apenas seria inexigível o título judicial calcado em lei ou ato normativo declarados inconstitucionais pelo STF, ou fundado em aplicação ou em interpretação de lei ou ato normativo considerados pelo STF como inconciliáveis com a Constituição Federal em controle *concentrado* de constitucionalidade. O CPC atual se refere aos controles *concentrado* e *difuso*.

Cabe aqui, todavia, uma indagação essencial: considerando-se o disposto no § 15, decorrido o prazo para o exercício da ação rescisória estaria consumada a preclusão para alegar-se a inexigibilidade da obrigação? Conquanto a doutrina e a jurisprudência tendam a responder de modo afirmativo a essa indagação, temos entendimento contrário, a partir de nossa convicção de que nenhuma lei ou ato normativo contrário à Constituição pode ser objeto de preclusão, sob pena de colocarmos em grave risco a supremacia da ordem constitucional.

§ 13. No caso do § 12, os efeitos da decisão do Supremo Tribunal Federal poderão ser modulados no tempo, em atenção à segurança jurídica.

No caso do § 12, o STF, levando em consideração a segurança jurídica, poderá modular os efeitos de sua decisão. Essa modulação se destina a evitar, por exemplo, que possam vir a ser rescindidos pronunciamentos jurisdicionais transitados em julgado fundamentados em orientação jurisprudencial abandonada pelos tribunais. Em tema processual, o verbo *modular* significa a fixação de uma data a partir da qual a sentença ou o acórdão passarão a produzir os seus efeitos. A figura da modulação foi introduzida no sistema legal brasileiro pela Lei n. 9.868, de 10-11-1999, cujo art. 27 estabelece: "*Art. 27. Ao declarar a inconstitucionalidade de lei ou ato normativo, e tendo em vista razões de segurança jurídica ou de excepcional interesse social, poderá o Supremo Tribunal Federal, por maioria de dois terços de seus membros, restringir os efeitos daquela declaração ou decidir que ela só tenha eficácia a partir de seu trânsito em julgado ou de outro momento que venha a ser fixado*".

§ 14. A decisão do Supremo Tribunal Federal referida no § 12 deve ser anterior ao trânsito em julgado da decisão exequenda.

A decisão do STF, referida no § 12, deve *anteceder* ao trânsito em julgado da decisão exequenda.

> § 15. Se a decisão referida no § 12 for proferida após o trânsito em julgado da decisão exequenda, caberá ação rescisória, cujo prazo será contado do trânsito em julgado da decisão proferida pelo Supremo Tribunal Federal.

Se a decisão a que alude o § 12 for posterior ao trânsito em julgado da decisão exequenda, poderá ser objeto de ação rescisória. O prazo, para o exercício dessa ação, será contado do trânsito em julgado da decisão proferida pelo STF.

14.2. Execução de título extrajudicial

Quanto às matérias que possam ser alegadas pelo devedor, na execução lastreada em título extrajudicial (termo de transação firmado no âmbito das Comissões de Conciliação Prévia ou termo de ajustamento de conduta, celebrado com o Ministério Público do Trabalho), compreendem não apenas a previstas no art. 884, § 1º, da CLT, mas, também, no art. 917 do CPC.

Em resumo: na execução calcada em título *extrajudicial*, o devedor poderá alegar, dentre outras matérias, as seguintes:

a) inexequibilidade do título ou inexigibilidade da obrigação;

b) penhora incorreta ou avaliação errônea;

c) excesso de execução ou cumulação indevida de execuções;

d) retenção por benfeitorias necessárias ou úteis, nos casos de execução para entrega de coisa certa;

e) incompetência absoluta ou relativa do juízo da execução;

f) qualquer matéria que lhe seria lícito deduzir como defesa em processo de conhecimento.

As matérias pertinentes: a) à inexequibilidade do título ou inexigibilidade da obrigação; b) à penhora incorreta ou avaliação errônea; c) ao excesso de execução ou cumulação indevida de execuções foram examinadas na oportunidade do comentário ao art. 525, § 1.º, do CPC, que versa sobre a execução fundada em título judicial.

Sendo assim, examinemos as matérias restantes, quais sejam:

a) retenção por benfeitorias necessárias ou úteis, nos casos de execução para entrega de coisa certa (CPC, art. 917, IV).

A execução para a entrega de coisa certa está regulada pelos arts. 806 a 810 do CPC. Se o devedor houver realizado benfeitorias necessárias ou úteis, poderá retê-las. Uma nótula importante: havendo benfeitoria indenizável, realizada pelo devedor ou por terceiros, de cujo poder ela houver sido tirada, a liquidação prévia é obrigatória (CPC, art. 810).

  b) incompetência absoluta ou relativa do juízo da execução (CPC, art. 917, V).

  No item subsequente, veremos que o executado poderá alegar nos embargos toda matéria que lhe seria lícito arguir no processo de conhecimento. Sendo assim, pareceria dispensável o inciso V, que estamos a comentar. Ocorre, todavia, que este inciso cuida, especificamente da alegação de incompetência na execução e não no processo de conhecimento. Quanto à absoluta, não há dúvida de que pode ser alegada nesses embargos. Resta saber é se, no processo do trabalho, a arguição de incompetência *relativa* pode ser deduzida nos embargos à execução, ou deve ser objeto de exceção.

  No sistema do CPC revogado, a incompetência relativa deveria ser arguida mediante exceção (art. 112) e a absoluta, como preliminar da contestação (art. 301, II). Destarte, no referido sistema, alegar-se a incompetência relativa como preliminar de mérito constituía erro tão crasso quanto alegar-se a incompetência absoluta por meio de exceção.

  O art. 64 do atual CPC, rompendo essa tradicional dualidade de formas de arguição da incompetência, dispõe que tanto a relativa quanto a absoluta devem ser alegadas como preliminar da contestação.

  Tecnicamente argumentando, esta disposição do CPC não incide no processo do trabalho, porquanto o art. 799, *caput*, da CLT, deixa claro que a incompetência (relativa) deve ser objeto de exceção.

  Entretanto, não podemos deixar de reconhecer o caráter simplificador do procedimento, inscrito no art. 64 do CPC, que prevê a arguição de incompetência, absoluta ou relativa, como preliminar da contestação. Sendo assim, sentimo-nos à vontade para admitir, em nome da aludida simplificação do procedimento, que mesmo no processo do trabalho ambas as incompetências possam ser apresentadas como preliminar da contestação — senão como regra inflexível, ao menos como faculdade da parte.

  Em resumo, as razões de ordem lógica, que justificaram, no passado, a exigência de que as exceções e a contestação, como modalidades de resposta do réu, fossem apresentadas em peças separadas, agora devem ceder lugar às razões pragmáticas, que recomendam a reunião dessas manifestações processuais em peça única, ainda que destacadamente.

  Não se trata, aqui, de submissão ou de subserviência ao CPC, e sim de deferência ao bom senso e de respeito ao interesse das partes.

c) qualquer matéria que lhe seria lícito deduzir como defesa em processo de conhecimento (CPC, art. 917, VI).

Quanto às matérias que possam ser alegadas pelo devedor, na execução calcada no termo de transação firmado no âmbito das Comissões de Conciliação Prévia ou no termo de ajustamento de conduta, celebrado com o Ministério Público do Trabalho (CLT, art. 876, *caput*) compreendem não apenas as previstas nos arts. 884, § 1º, da CLT e nos arts. 525, § 1º e 917 do CPC, como todas as que poderia deduzir como matéria de defesa, no processo de conhecimento (art. 917, VI).

Em resumo: na execução baseada em título *extrajudicial*, o devedor poderá alegar, entre outras matérias, as seguintes:

a) ilegitimidade de parte;

b) incompetência do juízo;

c) impedimento ou suspeição do juiz;

d) inexigibilidade do título;

e) nulidade da execução até a penhora;

f) excesso de execução;

g) cumprimento da decisão;

h) cumprimento do acordo;

i) quitação;

j) prescrição intercorrente;

k) novação etc.

O § 3.º do art. 16, da Lei n. 6.830, de 22 de setembro de 1980 — que dispôs sobre a cobrança judicial da dívida ativa da Fazenda Pública —, após declarar que as exceções deverão ser arguidas como preliminar dos embargos, *ressalva*, de maneira expressa, as de incompetência, impedimento e suspeição, que, em razão disso, devem ser alegadas mediante *exceção* (CLT, arts. 799 a 802).

Em síntese, embora, no processo civil, o devedor possa alegar, nos embargos à execução, a incompetência (inclusive, a relativa) do juízo, o impedimento e a suspeição do juiz, no processo do trabalho essas matérias devem ser objeto de exceção (CLT, arts. 799 a 802; Lei n. 6.830/80, art. 16, § 3.º).

Somente por força de jurisprudência derrogadora dessas normas legais é que se poderá admitir a possibilidade de a incompetência (relativa) do juízo, assim como o impedimento ou a suspeição do juiz serem arguidas em sede de embargos à execução — mesmo que a execução esteja estribada em título extrajudicial.

15. Procedimento

A disciplina dos embargos à execução, na CLT, é insatisfatória, pois deixou imersos em zonas nebulosas vários aspectos importantes do procedimento; daí, a necessidade de invocação supletória da Lei n. 6.830/80 e do CPC. O que pretendemos empreender, a partir de agora, é uma sistematização harmônica das diversas normas legais incidentes no regime procedimental dos embargos do devedor.

a) A petição de embargos deverá ser elaborada com atendimento aos requisitos legais (CLT, art. 840, § 1.º).

b) Embora os juízes do trabalho tenham erigido a praxe de mandar juntar a petição nos próprios autos da execução, é aconselhável o abandono dessa prática, pois, sendo os embargos *ação* (de natureza constitutiva) do devedor, deveriam ser autuados *em apenso* aos autos do processo principal, como alvitram os ditames da ciência processual e ordena a norma legal (CPC, art. 914, § 1.º). Outrora, entendíamos que, prevalecendo a referida praxe, não faria sentido a distribuição por dependência, porquanto a inicial seria encaminhada ao juízo no qual processava a execução. Revemos essa opinião, para dizer que a inicial deverá ser distribuída (por dependência), atendendo-se, desse modo, à regra do art. 783, da CLT.

c) Não se aplica ao processo do trabalho o disposto nos arts. 525, *caput*, e 914, *caput*, do CPC, segundo os quais os embargos do devedor podem ser oferecidos "independentemente de penhora". A CLT exige a garantia patrimonial do juízo, pouco importando que se trate de execução calcada em título judicial ou extrajudicial (art. 884). Ainda que a CLT fosse silente quanto ao tema, a regra a ser aplicada (CLT, art. 889) seria a do art. 16, § 1.º, da Lei n. 6.830/80, que estatui: *"Não são admissíveis embargos do executado antes de garantida a execução"*.

d) Nos embargos, o executado deverá alegar toda matéria útil à defesa (Lei n. 6.830/80, art. 16, § 2.º), que não se limita às alegações de cumprimento da decisão ou do acordo, transação e prescrição (CLT, art. 884, § 1.º), abrangendo, por isso, as matérias enumeradas nos arts. 525, § 1.º, ou 917, do CPC, conforme seja o caso. Caberá ao devedor, ainda, requerer provas e juntar aos autos documentos e rol de testemunhas (CLT, art. 884, § 2.º; Lei n. 6.830/80, art. 16, § 2.º). O número de testemunhas não deverá ultrapassar a três (CLT, art. 821).

Sempre que for o caso, deverá delimitar, de maneira motivada, as matérias e os valores impugnados, por força da incidência supletiva da Lei n. 8.432/92, que introduziu o § 2.º no art. 879 e alterou a redação do § 1.º do art. 897, ambos da CLT.

Com respeito às testemunhas, a propósito, a CLT, rompendo, em parte, com o princípio materializado no art. 825, exige que o embargante as *arrole* (art. 884, § 2.º), conquanto estas devam comparecer à audiência independentemente de intimação (art. 825, *caput*), sendo intimadas, *ex officio* ou a requerimento do interessado, as que deixarem de comparecer (*ibidem*, parágrafo único).

e) Não será admitida, em sede de embargos, reconvenção ou compensação (Lei n. 6.830/80, art. 16, § 3.º). No que toca à incompetência em razão do local, ao impedimento e à suspeição, deverão ser arguidas mediante *exceção* (Lei n. 6.830/80, art. 16, § 3.º; CLT, arts. 799 a 802).

f) Os embargos deverão ser liminarmente rejeitados nos casos previstos no art. 918, do CPC e, também, quando não houver delimitação motivada das matérias e valores impugnados.

g) Sendo recebidos os embargos, o juiz mandará intimar o credor, para impugná-los (Lei n. 6.830/80, art. 17), no prazo de cinco dias (CLT, art. 884, *caput*). É inaplicável, pois, ao processo do trabalho, o prazo de quinze dias, de que fala o art. 920, I, do CPC.

h) Não tendo sido arroladas testemunhas (CLT, art. 885), ou se os embargos versarem, exclusivamente, sobre matéria de direito, ou, ainda, sendo de direito e de fato, a prova for apenas documental (Lei n. 6.830/80, art. 17, parágrafo único), o juiz proferirá decisão, no prazo de cinco dias, julgando subsistente ou insubsistente a penhora (CLT, art. 885). Se houverem sido arroladas testemunhas, ou sendo necessária a produção de outras provas orais, o juiz designará audiência, no prazo de cinco dias (CLT, art. 884, § 2.º), após o que proferirá decisão (CLT, art. 886, *caput*). Nessa audiência, o juiz deverá tentar a conciliação (CPC, art. 740, *caput*).

i) Julgar-se-ão na mesma sentença os embargos à execução e a impugnação à "sentença" de liquidação (CLT, art. 884, § 4.º). Cabe, aqui, um escólio. Os arts. 885, *caput*, e 886, *caput* e § 1.º, falam em *decisão*, ao passo que o § 4.º do art. 884 alude a *sentença*; afinal, o ato da jurisdição que resolve os embargos oferecidos pelo devedor é *decisão* ou *sentença*? Pondo-se à frente o fato de que tais embargos têm a natureza de ação (constitutiva e incidental) do devedor, devendo, inclusive, ser autuados apartadamente, é inegável que são julgados por *sentença*, pois esse ato jurisdicional tem eficácia para pôr termo ao processo de embargos (CPC, art. 203, § 1.º). O estatuto processual civil, de melhor vocação científica que a CLT, se refere à *sentença* (art. 920, III).

j) Nos termos do parágrafo único do art. 918, do CPC, considera-se conduta atentatória à dignidade da justiça o oferecimento de embargos à execução manifestamente protelatórios. Poder-se-ia concluir que essa norma seria inaplicável ao processo do trabalho, pois, aqui, se exige a garantia da execução, ao passo que no sistema do CPC essa garantia não é imposta, conforme demonstram os arts. 525, *caput*, e 914, *caput*. Entrementes, o que se deve levar em conta é o fato de esses embargos protelatórios configurarem oposição maliciosa à execução, mediante "ardis e meios artificiosos" (CPC, art. 774, II), por forma a autorizar a aplicação da penalidade de vinte por cento do valor atualizado do débito em execução, nos termos do parágrafo único da mencionada norma legal.

k) Da sentença as partes serão intimadas mediante registro postal (CLT, art. 886, § 1.º).

Estabelece o art. 18 da Lei n. 6.830/80 que se não forem oferecidos embargos o credor deverá manifestar-se acerca da garantia da execução. Pensamos, no entanto, que, no processo do trabalho, esse pronunciamento do credor deva ocorrer logo em seguida à formalização da garantia, não sendo prudente que se aguarde o decurso em branco do prazo para o oferecimento de embargos, para que o faça.

Aplica-se a este processo especializado, contudo, o disposto no inciso I do art. 19 da precitada norma legal, de que se a execução não for embargada ou forem rejeitados os embargos, no caso de garantia prestada por terceiro, este será intimado, sob pena de contra ele prosseguir a execução nos mesmos autos, para, em quinze dias, remir o bem, se a garantia for real.

16. Das exceções pelo embargante

Pudemos demonstrar, em páginas transatas, que no processo do trabalho – ao contrário do que se passa no processo civil – a incompetência do juízo, o impedimento e a suspeição do juiz devem ser arguidos e processados sob a forma de *exceção*. Discordávamos, por isso, de Frederico Marques quando assevera que, "*Se o devedor não deseja instaurar o processo de embargos, mas quiser recusar o juiz, ou formular exceção de incompetência, ou a* recusatio iudicis, *tanto poderá apresentar a exceção como a recusa, sob a forma de embargos, como sob a forma de exceção*"(obra cit., pág. 244). *Data venia* do perlustrado jurista, embargos são embargos e exceção é exceção. Se o devedor não deseja embargar, mas, por algum motivo justificado, pretende arguir a incompetência, o impedimento ou a suspeição, deverá fazê-lo pela via correta da *resposta excecional*, nunca por meio de embargos. Mesmo a Lei n. 6.830/80, que, em critério aberrante, determina sejam as exceções suscitadas como *matéria preliminar* (art. 16, § 3.º), *ressalva* as que tenham como objeto a incompetência, o impedimento ou a suspeição (*ibidem*).

Dificuldade, a ser agora enfrentada, relaciona-se com a formulação de exceções quando a execução se processa mediante carta precatória, pois aí são *dois* (ou mais) os juízos.

Segundo o art. 20 da Lei n. 6.830/80, compete ao juízo *deprecante* julgar os embargos do devedor na execução por intermédio de carta, exceto se os embargos versarem sobre vícios ou irregularidades praticados pelo juízo deprecado, hipótese em que a este caberá julgar os embargos, no que respeita a essa matéria (*ibidem*, parágrafo único). No caso de o devedor pretender arguir a incompetência *ratione loci*, o impedimento ou a suspeição (do juízo ou do juiz), deverá fazê-lo perante o *deprecado*, ao qual competirá julgar a exceção, observadas as prescrições ditadas pelos arts. 799 a 802 da CLT. Acentue-se que, oferecida a exceção, ficará suspenso não necessariamente o processo de execução, e sim, a série de atos que deverão ser praticados por meio da carta precatória. A despeito da exceção apresentada no juízo deprecado, o deprecante poderá, em vários casos, manter a fluência da execução, desde que, como é evidente, seja conciliável esse prosseguimento com a pendência do julgamento da exceção.

O próprio credor poderá oferecer, no juízo deprecado, exceção de incompetência, impedimento ou suspeição, pois arguição dessa ordem não é privativa do devedor. Em certas situações, poderá até mesmo ocorrer de serem oferecidas, em épocas coincidentes ou não, exceções no juízo deprecante e no deprecado, por uma só das partes ou por ambas. O oferecimento dessas exceções acarretará consequências múltiplas e muitas vezes imprevisíveis, no processo de execução, não raro tumultuárias. Daí o cuidado que devem ter os juízos (deprecante e deprecado) em evitar a deflagração de semelhantes distúrbios.

Em que pese ao fato de o art. 676, parágrafo único, do CPC estabelecer que na execução que se processa mediante carta (precatória, em especial) os embargos serão oferecidos no juízo deprecado, salvo se o bem penhorado tiver sido indicado pelo deprecante ou se a carta já tiver sido devolvida, o art. 20, da Lei n. 6.830/80 tem preeminência sobre a aludida norma do CPC, por força do disposto no art. 889, da CLT.

17. Revelia

Deixando o devedor de embargar a execução poderá ser considerado revel?

Tecnicamente não, pois, sendo o substrato do conceito processual desta figura a *ausência de contestação*, pelo réu (CPC, art. 344), não faz sentido cogitar-se de revelia do devedor, porquanto os seus embargos não traduzem contestação e sim, característica *ação incidental*, de natureza constitutiva.

Ao contrário do que se passa no processo de conhecimento, no de execução o devedor não é citado para *responder*, se não que para *cumprir* a *obrigação*, ou garantir a execução (CLT, art. 880, *caput*). Além disso, o próprio credor, para obter a satisfação do seu direito, nada tem, por princípio, que provar, pois a existência desse direito está reconhecida pela autoridade soberana da coisa julgada material que dá estofo ao título executivo, ou pela existência do título extrajudicial. Nem se argumente que o parágrafo único do art. 771 do CPC manda que se apliquem à execução, em caráter subsidiário, as disposições regentes do processo cognitivo, a insinuar, com isso, que ao devedor que deixar de oferecer embargos devem ser aplicados os efeitos da revelia, previstos no art. 344 do mesmo Código. Tendo a execução norma própria sobre a atitude processual que deva o executado assumir em face da execução (art. 914) e sabendo-se que a audiência de instrução dos embargos (CPC, art. 920, II) somente será dispensada quando estes envolverem matéria de direito, ou sendo de fato e de direito a prova for exclusivamente documental, fica claro que não se pode dar concreção à subsidiariedade de que fala o parágrafo único do art. 771, do CPC, como forma de justificar a aplicação do art. 344 do mesmo diploma processual.

Saliente-se que, sendo a obrigação contida no título executivo (judicial) *líquida* e *exigível*, como impõe o art. 783, do CPC, extremamente escassos serão os fatos a serem provados pelas partes (em especial, pelo devedor), dada a fonte *jurisdicional* do título. Por certo ângulo, pode-se dizer que o título sentencial corresponde à prova *pré-constituída* e bastante para tornar o direito do credor insuscetível de soçobrar diante de meros *fatos*.

Ainda que, em determinadas situações, haja fatos a serem provados, a estrutura peculiar do processo de execução repelirá a declaração do *estado de revelia* do devedor, quando este deixar de oferecer embargos. Repita-se que esses embargos não representam modalidade de *resposta* e sim *ação incidental*, com acentuada carga de constitutividade; assim sendo, é filha do ilogismo a afirmação de que deverá ser considerado *revel* quem deixou, em última análise, de ajuizar *ação*. O que se poderia cogitar, na espécie, é de confissão, nos termos do art. 341, do CPC.

18. Reconvenção

Nas palavras de Calmon de Passos, proferidas na vigência do CPC de 1973: *"não poderá o réu executado formular contra o autor pedido cuja tutela reclame o processo de conhecimento; isso porque mesmo vistos os embargos do executado como uma ação de conhecimento, têm eles um procedimento especial, regulado pelo art. 740 do CPC, procedimento este incompatível quer com o procedimento ordinário, quer com o procedimento sumaríssimo, não sendo lícito ao executado embargante, na espécie, preferir o rito ordinário, porquanto seria opção em desfavor do credor exequente e embargado"* (obra cit., págs. 430/431).

Não só pelas razões doutrinárias, que realçam a incompatibilidade do procedimento da reconvenção com o da execução, mas, sobretudo, pela vontade da lei, não se deve consentir que o devedor embargante reconvenha ao credor. Com efeito, o art. 16, § 3.º, da Lei n. 6.830/80 contém um veto peremptório à possibilidade de o devedor contra-atacar o credor, no mesmo processo — norma essa amplamente aplicável ao processo do trabalho, lacunoso nesse ponto.

Acrescentemos que, sendo a reconvenção ação do réu em face do autor, fica sem base lógica o argumento de que o devedor possa reconvir ao credor, sabendo-se que, no plano dos embargos, o credor não é réu, e sim, autor. Dessa maneira, teríamos a esdrúxula ocorrência de o *autor* (embargante) estar reconvindo ao "réu" (credor).

19. Sentença

Deixamos fincada, linhas atrás, a nossa opinião de que o pronunciamento jurisdicional dirimente dos embargos opostos pelo devedor é *sentença* e não *decisão*.

Caberá ao juiz apreciar, na mesma sentença, os embargos e a impugnação à "sentença" de liquidação, quando for o caso (CLT, art. 884, § 4.º). Havendo impugnação à liquidação, esta deverá ser apreciada por primeiro. Se, p. ex., a impugnação foi formulada *pelo credor*, e o juiz acolhê-la, mandará que se proceda ao reforço da penhora em decorrência da elevação do valor da quantia certa por que se processa a execução; em alguns casos, todavia, o valor do acréscimo obrigacional, por ser irrisório, não gera repercussão no relacionamento que há entre o valor da execução e o dos bens penhorados. Tendo sido a impugnação apresentada *pelo devedor*, o juiz, caso a acolha, deverá mandar que a penhora seja *reduzida* (CPC, art. 874, I), para adequá-la ao novo montante da execução, proveniente do acolhimento da impugnação à sentença de quantificação da dívida.

Superada a matéria concernente à impugnação à liquidação, passará o juiz a apreciar a que tenha sido suscitada nos embargos e na contestação (contraminuta) a estes; havendo preliminares, torna-se até tautológico dizer que deverão ser apreciadas precedentemente ao mérito.

A sentença será quase sempre de mérito quando o juiz acolher os embargos, ou rejeitá-los. Acolhendo-os, o provimento jurisdicional poderá afetar o título executivo ou somente o processo de execução. A sentença que lhe acolhe os embargos é de eficácia constitutiva — como o é a ação de embargos —, pois poderá dissolver ou modificar o título em que se funda a execução, ou eliminar-lhe os efeitos.

Caso a sentença acolha os embargos, com fulcro, *v. g.*, no inciso I, § 1.º, do art. 525, e nos incisos IV e V do art. 917, do CPC, o título executivo permanecerá íntegro, porquanto os efeitos da sentença, na espécie, só alcançam o processo de execução; nessa hipótese, poderá o credor sanar a irregularidade que deu causa ao acolhimento dos embargos, ou, se isso não for possível, promoverá, outra vez, a execução, desta feita sem os vícios de fundo ou de forma que a comprometeram anteriormente. O novo ajuizamento da execução justifica-se pelo fato de a sentença extintiva do processo não produzir *res iudicata* material, mas apenas formal; o título executivo, como afirmamos, não é atingido pelos efeitos do pronunciamento jurisdicional extintivo.

De mérito será também a sentença que acolher os embargos lastreados em pagamento, quitação, cumprimento da decisão ou do acordo, prescrição etc.

20. Recurso

A sentença resolutiva dos embargos do devedor poderá ser impugnada pelo recurso de agravo de petição (CLT, art. 897, *"a"*), qualquer que seja o resultado da prestação jurisdicional, e mesmo que os embargos tenham sido rejeitados liminarmente.

No sistema edificado pelo legislador trabalhista, o agravo de petição foi destinado a servir como instrumento de impugnação aos atos jurisdicionais, de conteúdo decisório, praticados na execução.

Embora o princípio geral seja de que os recursos trabalhistas possuem efeito meramente "devolutivo" (CLT, art. 899, *caput*), a CLT permitia que o juiz *sobrestasse*, quando reputasse conveniente, o andamento do feito até o julgamento do agravo de petição (art. 897, § 1.º). O conteúdo dessa norma legal, atualmente, é outro. Mesmo assim, pode-se concluir que o agravo de petição, em princípio, terá efeito suspensivo. Assim dizemos, porque os valores incontroversos poderão ser executados de imediato, até o final (em carta de sentença). Os valores controvertidos são os que foram objeto do agravo de petição, que, neste caso, terá efeito suspensivo.

Mesmo antes da Lei n. 10.035/2000, que deu nova redação ao art. 897, § 1.º, da CLT, já sustentávamos a opinião de que o agravo de petição deveria acarretar, sempre, a suspensão do processo de execução, pois, pressupondo-se que a sua interposição já encontraria bens penhorados ao devedor, de nada valeria atribuir-lhe efeito apenas "devolutivo", sabendo-se que a execução, sendo provisória, não poderia submeter esses bens à expropriação judicial.

A propósito, ao dispor que o agravo de petição *"só será recebido* quando o agravante delimitar, justificadamente, as *matérias* e os *valores* impugnados" (destacamos), o § 1.º do art. 897 da CLT, com a redação dada pela Lei n. 8.432/92, deixa claro que essa delimitação figura como pressuposto objetivo de *admissibilidade* do agravo de petição.

Desse modo, caberá ao próprio juízo *a quo* verificar se o agravante cuidou de atender a esse requisito. Convencendo-se de que não, deverá recusar admissibilidade ao agravo de petição, abrindo, com isso, oportunidade para que o devedor interponha agravo de instrumento da decisão denegatória.

A exigência legal de que haja delimitação motivada das matérias e valores impugnados traduz, indiscutivelmente, acertada e elogiável alteração introduzida pela Lei n. 8.432/92, porquanto, com essa providência, a norma visou a permitir a execução imediata e definitiva das matérias e valores não delimitados ("permitida a execução imediata da parte remanescente até o final", diz o § 1.º do art. 879 da CLT). Anteriormente à Lei n. 8.432/92, o agravante, ainda que impugnasse *parte* da execução, impedia que esta pudesse ser realizada, quanto ao restante, pois os autos, em regra, eram encaminhados ao tribunal. Agora, a execução definitiva da parte não delimitada poderá ser feita nos autos principais (seguindo, portanto, o agravo de petição em autos apartados) ou mediante carta de sentença (sendo os autos principais encaminhados ao tribunal, para exame do agravo de petição)

É evidente, no entanto, que a exigência de impugnação fundamentada das matérias e valores, como pressuposto para a admissibilidade do agravo de petição, tem como destinatário exclusivo o devedor, não sendo, por isso, aplicável ao credor, por absoluta falta de senso lógico.

Aliás, como afirmamos há pouco, a expressão legal "permitida a execução imediata da parte remanescente até o final" está a demonstrar que a parte *impugnada* não poderá ser objeto de execução definitiva, *o que* significa afirmar, por outros termos, que o agravo de petição é dotado de efeito suspensivo.

Portanto, o Juiz do Trabalho já não tem a faculdade de sobrestar a execução, em face do agravo de petição interposto: a suspensão da execução passa a ser *automática*, no que tange à parte da sentença que foi impugnada por esse recurso.

21. Exceção de pré-executividade

Por força da regra inscrita no art. 884, *caput,* da CLT, o devedor, para opor embargos à execução, deve oferecer bens à penhora, vale dizer, garantir, patrimonialmente, o juízo. A mesma imposição é formulada pelo art. 16, § 1.º, da Lei n. 6.830/80, que dispõe sobre a cobrança judicial da dívida ativa da Fazenda Pública, a demonstrar que essa exigência constitui um ponto comum entre os diversos sistemas processuais.

Cabe lembrar que, no processo moderno, a execução por quantia certa tem natureza *patrimonial* (CPC, art. 789), implementando-se na expropriação de bens, presentes e futuros, do devedor, com a finalidade de satisfazer o direito do credor (CPC, arts. 789 e 824). A observação é importante porque, em legislações do passado, a execução era *pessoal* e *corporal,* porquanto seus atos materiais incidiam na liberdade ou no próprio corpo do devedor, como nos dá trágico exemplo a *manus iniectio* romana.

Somente a Fazenda Pública não se submete à regra da asseguração patrimonial do juízo, como pressuposto para o oferecimento de embargos à execução, em decorrência da cláusula legal da impenhorabilidade dos bens públicos.

De algum tempo até esta data, entretanto, vem adquirindo certo prestígio, nos sítios da doutrina do processo civil, a tese da *exceção de pré-executividade*, que consiste, em sua essência, na possibilidade de o devedor alegar determinadas matérias, sem que, para isso, necessite efetuar a garantia patrimonial da execução.

Para que sejam convenientemente entendidas as razões doutrinais que eclodiam na elaboração dessa ideia, devemos rememorar que os embargos do devedor constituem ação autônoma incidental, de natureza constitutiva, motivo por que devem ser autuados em separado; logo se percebe não ser tecnicamente correto o procedimento adotado no processo do trabalho, em que esses embargos são juntados aos próprios autos da execução. Em todo o caso, não nos move, neste momento, nenhuma preocupação em formular críticas a essa praxe trabalhista — até porque o princípio da simplicidade, que informa o processo do trabalho, a autoriza. O que pretendemos dizer é que, no processo civil, a *exceção de pré-executividade* (também identificada, por alguns, como oposição pré-processual; objeção de executividade; exceção de executividade) tem o efeito prático de, não apenas, permitir ao devedor alegar determinadas matérias, sem a garantia patrimonial do juízo, mas fazê-lo nos próprios autos da execução, o que corresponde a asseverar, independentemente de embargos.

Cremos que a ideia dessa *exceção*, em rigor, haja surgido para subministrar providencial socorro ao *contribuinte*, quando figurando como devedor nas execuções fiscais promovidas pela Fazenda Pública; dispensado de oferecer bens à penhora, ele terá assegurado o seu direito de aduzir certas alegações ou objeções, capazes, por sua relevância, de dar cobro à execução.

O CPC de 2015, ao dispor que "*Todas as questões relativas à validade do procedimento de cumprimento da sentença e dos atos executivos subsequentes poderão ser arguidas pelo executado nos próprios autos e nestes serão decididos pelo juiz*" (art. 518; destacamos) está não apenas a permitir que essas arguições sejam formuladas por simples petição, como a insinuar que a petição possa ter a forma de *exceção de pré-executividade* ou de *objeção de não executividade*.

Reveladas essas razões, cumpre-nos, agora, formular a pergunta inevitável: a *exceção de pré-executividade* é compatível com o processo do trabalho?

Antes de nos dedicarmos à resposta, devemos esclarecer que a referida *exceção* se destina, fundamentalmente, a impedir que a exigência de prévia garantia patrimonial da execução possa representar, em situações especiais, obstáculo intransponível à *justa defesa* do devedor, como quando pretenda alegar nulidade do título judicial; prescrição intercorrente, pagamento da dívida, ilegitimidade ativa e o mais. É importante assinalar, portanto, que a *exceção de pré-executividade* foi concebida pela doutrina para atender a situações verdadeiramente *excepcionais*, e não para deitar por terra, na generalidade dos casos, a provecta imposição legal da garantia patrimonial da execução, como pressuposto para o oferecimento de embargos pelo devedor.

A partir dessa perspectiva é que examinaremos a compatibilidade, ou não, da precitada *exceção* com o processo do trabalho.

Para logo, devemos observar que, se fôssemos levar à risca a expressão literal do art. 884, § 1.º, da CLT, as matérias que o devedor poderia alegar, em sede de embargos, estariam restritas ao cumprimento da decisão ou do acordo e à quitação ou prescrição (intercorrente) da dívida. Todavia, os fatos da realidade prática fizeram com que se permitisse ao devedor, por ocasião dos seus embargos, alegar, ainda, sempre que fosse o caso, nulidades, inexigibilidade do título, excesso de execução, novação, incompetência absoluta do juízo e o mais — enfim, muitas das matérias enumeradas nos arts. 525, § 1.º e 917, do CPC. Embora, como dissemos, a *exceção de pré-executividade*, no processo civil, seja apresentada fora dos embargos à execução, a referência ao art. 884, § 1º, da CLT serve para demonstrar que o intérprete, muitas vezes, não deve ficar adstrito ao senso literal da norma, sob pena de voltar as costas à realidade que borbulha, dinâmica e suplicante, para além da insensibilidade das disposições normativas. Convém trazer à tona a prudente advertência de Ripert de que, "*Quando o Direito ignora a realidade, a realidade se vinga, ignorando o Direito*".

Pois bem. Jamais nos abalançaríamos a negar que a exigência legal de garantia patrimonial do juízo, como requisito para o oferecimento de embargos à execução, seja absolutamente necessária, enquanto providência tendente a evitar que o devedor empreenda manobras dotadas de intuito protelatório. Afinal, tautologia à parte, devedor é quem deve; e, por isso, a atitude que dele se exige é a de submeter-se, o quanto antes, ao comando que se irradia da coisa julgada material — que, não raro, consome muito tempo para constituir-se. Por outras palavras, que ele cumpra a obrigação, estampada no título executivo, realizando a correspondente prestação, de maneira voluntária ou coacta. Não é por obra do acaso que o art. 797 do CPC declara que a execução se processa *no interesse do credor,* a evidenciar que este possui preeminência axiológica, cuja emanação prática se traduz sob a forma de sujeição jurídica do devedor.

Entretanto, não podemos ignorar a existência, também no processo do trabalho, de situações *especiais*, em que essa imposição de garantia patrimonial da execução poderá converter-se em causa de gritante injustiça, como quando o devedor pretender arguir, digamos, *nulidade,* por não haver sido, comprovadamente, citado para a execução. Em muitos desses casos, o devedor poderá não dispor de forças patrimoniais para garantir o juízo, circunstância que o impossibilitará de alegar, na mesma relação processual, a nulidade da execução. É oportuno ressaltar que a necessária submissão do devedor à coisa julgada material, de que falamos há pouco, haverá de realizar-se segundo o "devido processo legal", de tal arte que seria antiético, de parte do Estado, condicionar a possibilidade de o devedor arguir a presença de vícios processuais eventualmente gravíssimos — e, por isso, atentatórios da supremacia da cláusula do *due process of law* —, ao oferecimento de bens à penhora, máxime se levarmos em conta o fato de que, em muitos casos, ele não disporá de patrimônio em valor suficiente para efetuar a asseguração patrimonial do juízo. De igual modo, é relevante lembrar que a cláusula do "devido processo legal" possui, entre nós, sede constitucional (CF, art. 5º, inciso LVI), significa dizer, está inserida no elenco dos *direitos* e *garantias* individuais.

Sendo assim, nada obsta a que o processo do trabalho, sem renunciar a seus princípios ideológicos e à sua finalidade, admita, em situações verdadeiramente extraordinárias, *independentemente de embargos* — e, em consequência, *de garantia patrimonial do juízo* —, alegações de: nulidade da execução; pagamento; transação; prescrição (intercorrente); novação — enfim, envolventes de outras matérias dessa natureza, capazes, muitas delas, de extinguir a execução, se acolhidas. Por outras palavras: as matérias que possam ser alegadas mediante a exceção de pré-executividade são, preponderantemente, aquelas consideradas *de ordem pública*, a cujo respeito o juiz poderia e deveria manifestar-se *ex officio, como, p. ex.*, *as enumeradas* nos incisos IV, V e VI do art. 485 do CPC ou no art. 337 do *mesmo Código* (salvo, neste último caso, a convenção de arbitragem). Realmente, seria extremamente injusto exigir-se que o devedor, para alegar as matérias sobre as quais o juiz pode e deve pronunciar-se por sua iniciativa, devesse realizar a garantia patrimonial da execução. Essa exigência seria tanto mais injusta nas situações em que o devedor nem mesmo possuísse bens suficientes para oferecer em garantia ao juízo, pois o magistrado poderia esquecer-se de examinar, *ex officio*, tais matérias, acarretando, com isso, grandes prejuízos processuais ao devedor.

Conforme dissemos há pouco, as matérias que o devedor possa alegar por meio de exceção de pré-executividade são, de maneira preponderante — *mas não exclusivas* —, aquelas sobre as quais o juiz possa manifestar-se por sua iniciativa. Com isso, estamos a admitir a possibilidade de serem suscitadas outras matérias, que não se incluam no conceito de ordem pública, dentre as quais: pagamento, quitação, transação, novação etc.

É elementar que tais alegações deverão ser cabalmente comprovadas, *desde logo*, sob pena de o uso da *exceção de pré-executividade*, contravindo as razões de sua concepção doutrinal, converter-se em expediente artificioso do devedor para evitar a penhora de seus bens. Com efeito, se o devedor desejar provar, mais adiante, os fatos em que funda a sua alegação, ou a matéria jurídica que pretenda suscitar exigir elevada reflexão, ou ser controvertida, então deverá valer-se dos embargos, a que faz referência o art. 884, *caput*, da CLT, pois este: a) comporta uma fase cognitiva incidental, que pode envolver *fatos* (CPC, art. 920, II); b) é o foro apropriado para reflexões mais aprofundadas.

Estamos a afirmar, portanto, que a *exceção de pré-executividade* só deverá ser aceita quando calcada em prova documental previamente constituída, à semelhança do que se passa em tema de ação de segurança, e desde que não exija, para a apreciação da matéria, investigações em altas esferas. A propósito, os requisitos de "liquidez" e "certeza", característicos da ação de segurança e que preconizamos sejam também subordinantes da *exceção de pré-executividade*, terão como objeto não o *direito*, e, sim, *o fato alegado*. Se o *direito* existe, ou não, é algo que somente o pronunciamento final da jurisdição poderá dizer. Líquida e certa, conseguintemente, deverá ser a *afirmação* sobre o fato.

Aliás, se bem refletirmos, veremos que os Juízes do Trabalho, há muito tempo, vêm aceitando uma certa prática que, em última análise, se traduz — sem que o saibam — em uma forma *sui generis* de exceção de pré-executividade, enfim, de uma exceção informal ou inominada. Demonstremos. Muitas vezes, iniciada a execução forçada, com a expedição do correspondente mandado, o devedor, citado, vem a juízo não para oferecer embargos, mas para comunicar que efetuou, digamos, transação com o credor, juntando, inclusive, o comprovante desse negócio jurídico bilateral. Diante disso, o juiz intima o credor para que se manifeste a respeito; este confirma a transação realizada, fazendo com que o juiz a homologue e ponha fim, por este modo, ao processo de execução. Ora, o que houve, no caso, foi o uso informal da exceção de pré-executividade, pois, em rigor, a alegação de transação, feita pelo devedor, deveria ter sido objeto de embargos à execução, ou seja, depois de garantida, patrimonialmente, a execução, nos termos do § 1.º do art. 884, da CLT. Note-se que a transação figura como uma das matérias que devam ser alegadas pelo devedor, nos embargos à execução. Apesar disso, o juiz admitiu que a transação fosse noticiada e comprovada por meio de simples petição, sem forma jurídica, e sem garantia da execução, vale dizer, mediante exceção de pré-executividade. Seria insensato negar-se ao devedor o acesso ao juízo por essa forma, impondo-lhe que o fizesse, apenas, mediante o manejo formal dos embargos e com prévia garantia da execução. Situações como a que acabamos de descrever foram vividas, inúmeras vezes, pelos Juízes do Trabalho deste País — que, dessa maneira, estavam a consentir a prática de um ato, pelo devedor, que consistia, em sua essência, na exceção de pré-executividade.

Sejamos, no entanto, ainda mais prudentes: nos domínios do processo do trabalho, a aceitação da aludida *exceção* deverá ser feita sem prejuízo da eventual configuração de *ato atentatório à dignidade da Justiça* (CPC, art. 774). Destarte, se, por exemplo, o devedor fizer uso dessa *exceção* com escopo visivelmente procrastinatório (por serem as suas alegações infundadas; por estarem desacompanhadas de prova documental etc.), o seu gesto poderá tipificar a *oposição maliciosa à execução*, de que trata o inciso II do art. 774 do CPC, cuja consequência ser-lhe-á a imposição de multa correspondente a até vinte por cento do valor atualizado da execução, sem prejuízo de outras sanções de natureza processual ou material, que a situação esteja a reclamar (CPC, art. 774, parágrafo único). Se essa *oposição maliciosa* pode ser caracterizada nos próprios *embargos à execução* (CPC, art. 918, parágrafo único), quando o juízo já se encontra garantido, por mais forte razão haverá de ser configurada na *exceção de pré-executividade,* sabendo-se que o devedor, para formulá-la, estará dispensado desse encargo patrimonial.

Dessa maneira, a *exceção de pré-executividade,* de um lado, poderá ser utilizada no processo do trabalho, em situações excepcionais, como as descritas anteriormente, a fim de evitar que a exigência de garantia patrimonial do juízo torne impossível o direito de o devedor exercer a sua *justa defesa;* de outro, porém, sujeitará o devedor que a utilizar com objetivo procrastinatório ao pagamento de pesada multa pecuniária, em prol do credor. A possibilidade da incidência dessa multa funcionará, conforme se pode perceber, como uma espécie de contrapartida ao uso ocasionalmente distorcido da *exceção de pré-executividade,* ou seja, quando esta for produto de manobra artificiosa. Com essa penalidade, preservam-se, a um só tempo, os interesses do credor e o conteúdo ético do processo.

Tal *exceção,* de qualquer forma, não deverá ter, no processo do trabalho, autonomia quanto ao procedimento, cumprindo, pois, tratá-la, no que respeita ao devedor, como mero *incidente da execução.* O resultado prático dessa construção está em que o ato jurisdicional que a *rejeitar* terá natureza de *decisão interlocutória* (CPC, art. 203, § 2.º; CLT, art. 893, § 1.º), de tal modo que não poderá ser impugnado de maneira autônoma, corresponde a afirmar, por meio de agravo de petição, porquanto o juízo não estará, ainda, garantido. Segue-se que qualquer insatisfação do devedor, no tocante a essa decisão, somente haverá de ser manifestada na oportunidade dos embargos que vier a oferecer à execução — desde que esteja garantido, com bens, o juízo, nos termos do art. 884, *caput,* da CLT, sob pena de a petição de embargos ser indeferida *in limine* (CPC, art. 918). Da sentença resolutiva dos embargos à execução é que o devedor poderá interpor o recurso específico de agravo de petição (CLT, art. 897, *"a"*).

Uma outra solução que se poderia adotar seria a de entender-se que o uso da exceção de pré-executividade implicaria, por parte do devedor, uma renúncia tácita à faculdade de oferecer embargos à execução. Nesta hipótese, como não lhe seria mais dado embargar, poder-se-ia reconhecer-lhe, em caráter excepcional, a possibilidade de impugnar a decisão resolutiva da exceção de pré-executividade mediante agravo de petição.

Se, todavia, a *exceção* for *acolhida,* o pertinente ato jurisdicional será, fora de qualquer dúvida razoável, *sentença,* porquanto estará pondo fim ao processo de execução (CPC, art. 203, § 1.º); logo, poderá ser impugnada, pelo credor, mediante agravo de petição (CLT, art. 897, *"a"*).

Como o objetivo da *exceção de pré-executividade*, segundo sua elaboração doutrinária, é o de permitir (em situações excepcionais, insistamos) ao devedor expender alegações ou objeções eficazes, sem necessidade de garantir patrimonialmente o juízo, torna-se de elementar inferência que dessa *exceção* não se poderá valer a Fazenda Pública, em virtude da cláusula legal que declara a impenhorabilidade dos bens públicos. Sob esse aspecto, podemos afirmar, sem receio de erro, que a mencionada *exceção* não faz nenhum sentido, lógico ou prático, para a Fazenda Pública, sabendo-se que esta pode oferecer embargos à execução sem efetuar a mencionada garantia patrimonial. Em suma, faltaria à Fazenda Pública o indispensável interesse processual (CPC, art. 3.º) para fazer uso da exceção de pré-executividade.

Devemos dedicar algumas considerações acerca do prazo para o oferecimento da exceção de pré-executividade. Para sermos objetivos: o *dies a quo* será o do início do processo de execução (aqui incluída a fase de liquidação), e o *dies ad quem* o do término do prazo para oferecer embargos à execução. Assim, iniciada a fase de liquidação, poderá o devedor fazer uso da exceção de pré-executividade; terminado o prazo para o oferecimento de embargos do devedor terminará, automaticamente, o prazo para apresentação da exceção de pré-executividade.

Por outro lado, o oferecimento de exceção de pré-executividade não suspende o prazo para a oposição de embargos do devedor. Logo, é inteiramente do devedor o risco pelo uso da referida exceção. Na prática, aliás, esse risco inexistirá, levando-se em conta o fato de a exceção em estudo ser apresentada sem a garantia patrimonial da execução; sendo assim, rejeitada a exceção, o devedor deverá efetuar a garantia do juízo para poder oferecer os embargos que lhe são próprios.

De resto, é importante deixar assinalado o fato de a Súmula n. 397, do TST, haver consagrado o uso da exceção de pré-executividade no âmbito do processo do trabalho.

Conclusivamente:

1) A despeito de a exigência legal de garantia patrimonial do juízo, como pressuposto para o oferecimento de embargos à execução (CLT, arts. 882 a 884), ser, em princípio, necessária, a fim de desestimular a prática de atos protelatórios, por parte do devedor, certas situações verdadeiramente *extraordinárias* da vida, assinaladas por uma acentuada carga de dramaticidade, poderão autorizá-lo a formular determinadas alegações ou objeções sem realizar essa asseguração, e independentemente da figura formal dos embargos, de que fala o art. 884 da CLT.

2) A *exceção de pré-executividade* (ou oposição pré-processual ou exceção de executividade) poderá ser apresentada de modo informal, assim que o devedor for citado para a execução (ou mesmo já na fase de liquidação), e deverá fundar-se em prova documental (exceto se a matéria alegada for exclusivamente

"de direito", como no caso de prescrição intercorrente). Se os fatos que o devedor pretender alegar dependerem de prova oral, ou a matéria de direito que dá conteúdo a essas alegações for largamente controvertida, ou requerer alta reflexão, caber-lhe-á fazer uso dos embargos à execução — com prévia garantia do juízo, esclareça-se —, que constituem, naturalmente, o foro adequado para a coleta de provas, ou para o exame aprofundado dos argumentos expendidos pelas partes.

3) Se a referida *exceção* possuir evidente intuito protelatório, configurará a *oposição maliciosa à execução,* da qual se ocupa o inciso II do art. 774 do Estatuto de Processo Civil, permitindo ao juiz, em face disso, aplicar multa ao devedor, não excedente a vinte por cento do valor atualizado da execução, que verterá em benefício do credor, sendo exigível nos mesmos autos (*ibidem,* parágrafo único).

4) É importante observar que, admitida a possibilidade da exceção de pré-executividade no processo do trabalho, os embargos do devedor não deixam de permanecer como o principal meio de defesa deste, pressupondo um direito já reconhecido no título executivo judicial ou expresso em documento apto a ensejar a execução que não se funda em título judicial. Todavia, quando o devedor pretender: a) atacar o próprio título executivo, em virtude de este não atender aos requisitos estabelecidos em lei para a sua validade e eficácia (como a falta de liquidez da obrigação, que a torna inexigível); b) invocar determinadas matérias de ordem pública (que poderiam e deveriam ser conhecidas *ex officio* pelo juiz); ou c) alegar matérias outras, que embora não se incluam no conceito de ordem pública sejam relevantes, como pagamento, transação, novação etc., poderá fazer uso da exceção de pré-executividade, a ser formulada mediante simples petição e sem a necessidade de garantia patrimonial da execução.

5) As matérias que deram conteúdo à exceção de pré-executividade não poderão ser repetidas nos embargos do devedor (neste caso, já garantido o juízo);

6) O ato jurisdicional que apreciar a *exceção* terá natureza dúplice: a) será *decisão interlocutória,* se a *rejeitar* (CLT, art. 893, § 1.º), motivo por que trará em si o veto à recorribilidade autônoma (pelo devedor). Este, contudo, poderá impugnar a mencionada decisão no ensejo do oferecimento dos embargos à execução, contanto que garantido o juízo. Note-se: nos embargos, o devedor não poderá alegar, novamente, as matérias suscitadas na exceção de pré-executividade, senão que impugnar a decisão que as apreciou. Da sentença resolutiva dos embargos caberá agravo de petição; b) será *sentença,* se a *acolher,* pois, com isso, estará dando fim ao processo de execução (CPC, art. 162, § 1.º); sendo assim, poderá ser objeto de agravo de petição, pelo credor (CLT, art. 897, *"a").*

7) A Fazenda Pública não pode fazer uso da *exceção de pré-executividade,* na medida em que possui a prerrogativa legal de oferecer embargos à execução sem necessidade de garantir o juízo; falta-lhe, por isso, o indispensável interesse processual (CPC, art. 17).

|CAPÍTULO III|

INVALIDAÇÃO, INEFICÁCIA E RESOLUÇÃO DA ARREMATAÇÃO

1. Comentário

No sistema do CPC de 1973, o devedor poderia oferecer *embargos à expropriação* (compreendendo a arrematação e a adjudicação), fundados em nulidade da execução, pagamento, novação, transação ou prescrição, "desde que supervenientes à penhora" (CPC, art. 746). Como ponderávamos, nas edições anteriores deste livro, melhor teria sido se o legislador falasse em superveniência ao *julgamento da penhora*, na medida em que, se o fato nulificante da execução, o pagamento, a novação, a transação ou a prescrição etc. ocorreram *após* a penhora, mas *antes* do oferecimento dos embargos do *devedor*, de que cuida o art. 884 da CLT, deveriam ser arguidos no momento em que estes foram ajuizados e não quando do oferecimento dos embargos à expropriação.

O CPC de 2015 não prevê a figura desses embargos. O que se tem é o disposto no art. 903, § 1.º, conforme o qual a arrematação poderá ser: I — *invalidada*, quando realizada por preço vil ou com outro vício; II — considerada *ineficaz*, se não observado o disposto no art. 804; III — *resolvida*, se não for pago o preço ou se não for prestada a caução.

Examinemos esses casos.

1.1. Invalidação

Inciso I. Invalidada quando realizada por preço vil ou por outro vício.

Há, aqui, uma curiosidade. O art. 891, do CPC, dispõe que *não será aceito* lanço (ou preço vil); contudo, o art. 903, § 1º, I, do mesmo Código, permite o *desfazimento* da expropriação quando for *realizada* por lanço vil. Ora, se *não se aceita* lanço vil, como poderia a expropriação *ter sido feita*, ou seja, admitida? Se o auto foi imediatamente assinado, como determina a lei (CPC, 901, *caput*), isto significa que, para o juiz, o lanço, nesse momento, não parecia ser irrisório, ínfimo (vil). Caberá ao devedor, entretanto, demonstrar, em sede de invalidação do ato expropriatório, ou de mandado de segurança, que o juiz esteve errado em sua decisão.

É conveniente e oportuno recordar ser legalmente considerado vil o preço que for inferior a cinquenta por cento do valor da avaliação — exceto se outro for o preço mínimo fixado pelo juiz para a expropriação do bem.

A propósito, inversamente ao entendimento de certo segmento doutrinário que se vem constituindo, entendemos que o preço mínimo, fixado pelo juiz no edital de expropriação, também não pode ser inferior a cinquenta por cento do valor da avaliação. A não ser assim, ficaríamos sem um elemento objetivo para definir, em concreto, o que seja lanço vil, pois o magistrado poderia fixá-lo, digamos, em cinco, dez ou vinte por cento do valor da avaliação, fazendo com que retornassem as tormentosas dúvidas e polêmicas que tomavam de assalto o espírito dos juristas, antes da vigência do CPC de 2015. A interpretação que damos ao art. 891, do CPC – na perspectiva do processo do trabalho –, na parte em que estamos a comentar, é de que o juiz deverá fixar o valor mínimo do lanço em cinquenta por cento, sessenta por cento, *ou mais*, do valor da avaliação. Sendo o edital omisso, o lanço deverá ser, no mínimo, de cinquenta por cento.

Por vício de nulidade. Sendo a "praça" realizada, *e. g.*, sem prévia intimação do credor (Lei n. 6.830/80, art. 22, § 2º) ou do devedor (CPC, art. 889, I), ou se o arrematante se encontrar legalmente impedido de licitar (CPC, art. 890, I a VI), caracterizada estará a nulidade desse ato expropriatório, que, em consequência, poderá ser desfeito pelo interessado (credor, devedor, ou eventualmente terceiro). De modo geral, sendo a arrematação espécie do gênero ato jurídico processual — conquanto de natureza complexa —, o desrespeito aos mandamentos enunciados pelos arts. 794 a 798 da CLT, conjugados com os arts. 276 a 283 do CPC, conduzirá a virtual decreto de nulidade. Antes, porém, de declarar a nulidade, deverá o juiz consultar os princípios: 1) da *transcendência* (CLT, arts. 794 e 795), conforme o qual não há nulidade sem prejuízo; 2) da *instrumentalidade* (CPC, arts. 188 e 277), pelo qual mesmo que a lei prescreva determinada forma, sem a cominação de nulidade, valerá o ato se, praticado de forma diversa, atingir a mesma finalidade; 3) da *convalidação* (CPC, art. 278), que afirma poder a nulidade relativa ser sanada pelo consentimento da parte contrária, salvo se decorrer de falta de observância à norma pública, devendo, de qualquer modo, ser alegada na primeira vez em que o interessado tiver de falar nos autos ou em audiência, pena de preclusão temporal; 4) da *proteção* (CLT, art. 796, "a" e "b"; CPC, art. 276, § 2º): só se acolhe a nulidade se não for possível suprir a falta ou repetir o ato, desde que não tenha sido arguida por quem lhe deu causa.

1.2. Ineficácia

Inciso II. A norma legal citada, ao fazer remissão ao art. 804, *caput*, veda a expropriação do bem penhorado sem que desse ato sejam cientificados, por qualquer meio idôneo, o senhorio direto, o credor pignoratício, hipotecário, anticrético ou usufrutuário. Se este preceito legal não for observado, a expropriação poderá ser desfeita.

Diz o art. 804, *caput* do CPC que a alienação de bem aforado ou gravado por penhor, hipoteca, anticrese ou usufruto será *ineficaz* em relação às pessoas por ele mencionadas. O conceito de *ineficaz*, como leciona Orozimbo Nonato, é bifronte: "válido em face de determinadas pessoas e ineficaz perante outras" (*Da coação como defeito do ato jurídico*, n. 114, p. 219, 1957).

1.3. Resolução

Inciso III. Se não for pago o preço ou prestada a caução. Deixando o arrematante de complementar o preço, no prazo de 24 horas, contado a partir do encerramento da "praça", não só será *resolvida* a arrematação, como o arrematante perderá, em prol da execução (ou seja, do credor), o sinal de 20% que havia depositado para garantir o lanço (CLT, art. 888, § 4º), retornando à praça os bens apreendidos (*ibidem*).

Lembremos que se o arrematante for o próprio credor, não estará obrigado a exibir o preço, embora fique sujeito às disposições do art. 892, § 2º, do CPC.

Designada nova praça, em virtude do desfazimento da arrematação, nela estarão proibidos de lançar o arrematante e o fiador remissos (CPC, art. 897). É uma espécie de sanção moral, de que são destinatários, em razão de não haverem integralizado o preço no prazo legal.

Acontecendo de o fiador do arrematante pagar o valor do lanço e a multa, poderá requerer que a arrematação lhe seja transferida (CPC, art. 898).

As situações mencionadas no § 1º deverão ser decididas pelo juiz se for provocado dentro do prazo de dez dias posteriores ao aperfeiçoamento da arrematação (*ibidem*, § 2.º).

Decorrido o prazo mencionado no § 2º sem que tenha havido alegação de qualquer das situações referidas no § 1º, será expedida a carta de arrematação e, quando for o caso a ordem de entrega ou o mandado de imissão na posse (*ibidem*, § 3.º).

Expedida a carta de arrematação ou a ordem de entrega a invalidação da arrematação poderá ser postulada mediante ação autônoma. Nesse processo o arrematante figurará como litisconsorte necessário (*ibidem*, § 4.º).

A lei faculta ao arrematante desistir da arrematação, com a consequente devolução do depósito que tiver realizado. As causas que justificam essa desistência estão previstas nos incisos a serem agora examinados (CPC, art. 903, § 5.º)

Inciso I. Se o arrematante provar, nos dez dias subsequentes, a existência de ônus real ou gravame não mencionada no edital. Lembremos que entre os requisitos que o edital atinente à alienação dos bens penhorados deve conter está a menção de existência de ônus, recurso ou causa pendente sobre os bens a serem leiloados (CPC, art. 886, VI). Por esse motivo, entendemos que o arrematante poderá desistir da arrematação não apenas no caso de o edital omitir a existência de ônus real ou de gravame, mas, também, a existência de recurso ou de disputa judicial tendo como objeto os próprios bens penhorados. Se esses elementos tivessem constado do edital, é muito provável que o arrematante não possuísse interesse em adquirir os bens, ou fizesse lanço muito inferior ao oferecido.

Inciso II. Um outro motivo legal que autoriza a desistência da arrematação ocorre se o arrematante suscitar alguma das situações previstas no § 1º. Para que essa desistência seja aceita, há necessidade de ser manifestada antes de expedida a ordem de entrega do bem ou a carta de arrematação. O ônus da prova, em princípio, é do arrematante desistente.

Inciso III. O arrematante também poderá desistir da arrematação quando citado para responder a ação autônoma de que cuida o § 4º, contanto que manifeste a desistência no prazo para responder à precitada ação.

Se o devedor suscitar, de maneira infundada, a existência de vícios da arrematação, com o objetivo de fazer com que o arrematante dela desista, o seu ato será considerado atentatório à dignidade da justiça. Como consequência, o juiz poderá impor-lhe multa não superior a vinte por cento do valor atualizado do débito em execução, que verterá em benefício do credor. Outras sanções de natureza processual ou material também lhe poderão ser aplicadas (CPC, art. 774, parágrafo único), com indenização por perdas e danos (*ibidem*, § 6.º).

CAPÍTULO IV

Embargos de terceiro

1. Conceito

O objetivo da execução por quantia certa reside na expropriação forçada de bens do devedor, como medida tendente a satisfazer o direito do credor, subsumido na sentença condenatória, a que o fenômeno jurídico da coisa julgada material adjungiu a eficácia de título executivo (CPC, art. 824). Por esse motivo — e como tantas vezes destacamos neste livro — o devedor responde, legalmente, para o cumprimento de suas obrigações, com a integralidade de seu patrimônio, já constituído ou a constituir (CPC, art. 789).

Pode ocorrer, entretanto, que, na tarefa de tornar concretos os fins da execução, o órgão jurisdicional venha a apreender (mediante penhora, arresto, sequestro, depósito, bloqueio etc.) bens pertencentes a *terceiro*, vale dizer, a quem não está obrigado a adimplir a obrigação derivante do título exequendo. Torna-se, pois, de grande interesse — não apenas do ponto de vista doutrinário mas também prático — que investiguemos, a seguir, o conceito jurídico de terceiro e procuremos definir os seus exatos contornos.

A muitos poderia parecer suficiente dizer, em grau de definição, que terceiro é todo aquele que não é parte na relação processual executiva. Semelhante conceito seria, contudo, algo simplório, na medida em que, conforme iremos demonstrar, mesmo sendo parte no processo de execução o indivíduo está autorizado, por lei, a praticar aí atos na qualidade de *terceiro*.

Basta ver que o diploma processual civil vigente equipara a terceiro a parte que, a despeito de estar figurando no polo passivo da relação processual executiva, deseja promover a defesa de bens que, pelo título de aquisição ou pela qualidade em que os possui, não podem ser alcançados pelo ato de apresamento judicial (CPC, art. 674, § 2.º). Mesmo no processo do trabalho, o devedor pode, *e. g.*, oferecer embargos de terceiro sempre que houver necessidade de colocar a salvo da execução determinados bens que possui na qualidade de locatário, arrendatário e o mais. Mesmo o cônjuge e o companheiro são considerados pela norma legal como *terceiros* toda vez que pretenderem defender a posse de bens próprios ou de sua meação (CPC, art. 674, § 2.º, I).

Por aí se percebe a inconsistência jurídica do conceito segundo o qual deve ser havido como terceiro todo aquele que não integra a relação jurídica executiva.

Como ensina Liebman, para efeito de determinar se uma pessoa é, ou não, parte no processo, não é suficiente levar-se em conta a sua identidade física, devendo-se, ao contrário, considerar também a qualidade jurídica em que compareceu ao processo, concluindo que "Uma pessoa física pode ser simultaneamente parte e terceiro com relação a determinado processo, se são diferentes títulos jurídicos que justificam esse duplo papel que ela pretende representar, se são distintas as posições jurídicas que ela visa a defender" (*Revista Forense*, vol. CIX, pág. 46).

Frederico Marques afirma que se deve entender como terceiro não a pessoa física ou jurídica que não tenha participado do processo, e sim "a pessoa titular de um direito outro que não tenha sido atingido pela decisão judicial" (obra cit., vol. V, pág. 455).

Terceiro é, portanto, a pessoa que, sendo ou não parte no processo de execução, defende bens que, em decorrência do título aquisitivo ou da qualidade em que os possui, não podem ser objeto de apreensão judicial. O amor à clareza nos conduz a reafirmar que a configuração jurídica do terceiro não deve ser buscada no fato imperfeito de estar o indivíduo *fora* da relação processual executiva, e sim na particularidade fundamental de que, embora esteja eventualmente figurando como parte passiva nessa relação, colime praticar aí atos destinados não a opor-se ao título executivo, se não que a liberar bens de indevida constrição judicial — fazendo-o, nesse caso, com fundamento no título de aquisição ou na qualidade pela qual detém a posse de mencionados bens.

Importante regra de ordem prática se extrai dessa observação: se o terceiro desejar defender os seus bens, cuja posse tenha sido turbada ou esbulhada por ato judicial executivo, deverá valer-se dos embargos que lhe são próprios e imanentes (de terceiro); caso se valha de embargos à execução (ou do devedor), será declarado carecente da ação, por faltar-lhe, para tanto, a indispensável legitimidade.

É despiciendo, por outro lado, que o terceiro seja senhor e possuidor, ou somente possuidor dos bens apreendidos: em ambos os casos ele recebe, da norma legal, a necessária legitimidade para tencionar excluí-los da constrição judicial (CPC, art. 674, § 1.º).

Já os *embargos*, que o ordenamento processual lhe põe ao alcance, com vistas a esse desiderato, constituem ação de tipo especial e de caráter incidental, que se encontra submetida a procedimento sumário. O traço de incidentalidade desses embargos está em que não se quadra ao seu escopo teleológico o desfazimento da execução forçada, mas, apenas, o de afastar a turbação ou o esbulho quanto à posse dos bens, proveniente de ato judicial como a penhora, o arresto, o sequestro, o depósito, o bloqueio etc. Deles disse Pontes de Miranda: "são ação do terceiro, que pretende ter direito ao domínio ou outro direito, inclusive a posse, sobre os bens penhorados ou por outro modo constritos" (obra cit., vol. IX, pág. 6). Paula Batista, por sua vez, vê nesses embargos uma "ação de intervenção", por meio da qual o terceiro exerce a defesa de seus bens contra execuções alheias" (*apud* Hamilton de Moraes e Barros, obra cit., pág. 289).

2. Natureza jurídica e eficácia

No texto das Ordenações Filipinas, os embargos de terceiro apareciam como um incidente da execução (Livro 3.º, Título 86, § 17); o primeiro Código de Processo Civil unitário do País (1939) alargou o campo de aplicação desses embargos, permitindo a sua utilização não só em face de execuções judiciais, mas de outros processos, considerando-os, dessa forma, como integrantes da classe dos denominados *processos acessórios*. O art. 707 desse Código concedia a ação de embargos em exame não apenas aos que detinham a titularidade da posse, mas igualmente aos que eram titulares de *direitos*; como o legislador não precisou qual a espécie de lesão a direito que autorizava o manejo desses embargos, passou-se a entender que a sua utilização seria ampla, não mais circunscrita, portanto, à defesa da posse.

O art. 1.046 do estatuto processual civil de 1973 revelava, a nosso ver, a natureza *possessória* desses embargos, embora o § 1.º dessa norma, ao fazer expressa referência ao *senhor* (e não só ao possuidor) da coisa, permita concluir ser possível discutir-se, em sede desses embargos, questões relativas ao *domínio* do bem constrito. Acreditamos que isso somente será possível se o embargante for, além de senhor, possuidor da coisa — conquanto a simples posse seja suficiente para conceder-lhe legitimidade, com vistas ao uso desses embargos.

O CPC de 2015, por seu art. 674, também demonstra que esses embargos possuem traço possessório.

A afirmação de que os embargos de terceiro possuem natureza possessória, todavia, não seria infirmada pelo fato de o CPC atual haver dedicado, no Título referente aos procedimentos especiais, o Capítulo III, dispondo sobre as ações possessórias (arts. 554 a 567), não incluindo aí os embargos de que estamos a nos ocupar? Pensamos que não. O que se deve investigar, para efeito de cabimento de embargos de terceiro ou das ações possessórias mencionadas nos arts. 554 a 567 do CPC, é a *origem* do ato que está a molestar a posse do indivíduo. Assim, se a turbação ou o esbulho decorrem de ato praticado por particular, ou pelo próprio Estado (sem que o faça no exercício da jurisdição), deverá o interessado (possuidor) valer-se das ações possessórias típicas; se, ao contrário, a moléstia à posse promanar de ato *da jurisdição*, cabíveis serão os embargos de terceiro e não as possessórias de manutenção, reintegração ou interdita.

Percebe-se, pois, que os embargos de terceiro se destinam à defesa da posse ameaçada, turbada ou esbulhada por *ato judicial*; essa particularidade justifica a sua existência, no Código atual, ao lado das ações possessórias de interdito, manutenção e reintegração de posse, dada a dessemelhança teleológica que há entre uma e outras.

Nos embargos de terceiro, aliás — e contrariamente ao que se passa no plano das ações possessórias típicas —, não se concede ao possuidor o direito de realizar o desforço físico em defesa da posse.

Não se confundem os embargos de terceiro com a oposição. Em primeiro lugar, enquanto o terceiro deseja, com seus embargos, promover a defesa da posse — e eventualmente da propriedade do bem —, o opoente intervém na causa para pretender, para si, a coisa ou o direito sobre que controvertem o autor e o réu (CPC, art. 682); em segundo, os embargos de terceiro pressupõem, sempre, um ato de apreensão judicial do bem (penhora, arresto, sequestro, depósito etc.), sendo que a oposição se caracteriza pela mesma disputa, estabelecida entre as partes, acerca de determinado bem ou direito, em cuja lide o opoente intervém; em terceiro, os embargos instauram uma nova relação jurídica processual, tendo, pois, vida própria, e sendo julgados por sentença específica, enquanto, na oposição, o terceiro se mete de permeio na mesma relação jurídica processual estabelecida entre autor e réu, sendo as suas pretensões apreciadas juntamente com as das partes originárias.

Tomados por outro ângulo, os embargos de terceiro apresentam preponderante carga de constitutividade, porquanto visam a desconstituir o ato da jurisdição que está molestando a posse do legitimado, fazendo com que a situação retorne ao estado como se encontrava anteriormente à apreensão judicial.

3. Pressupostos

Os pressupostos objetivos dos embargos em estudo coincidem com os que são característicos das ações possessórias típicas, a saber: lesão da posse ou iminente possibilidade de lesão. Debaixo do aspecto subjetivo, contudo, há uma diferença essencial: os embargos de terceiro, como pudemos ver, pressupõem que o ato molestador da posse seja proveniente da jurisdição. No caso das ações possessórias mencionadas nos arts. 554 a 567 do CPC, os atos que as justificam são perpetrados por particular ou pelo Estado — sem que este último esteja no exercício de seu monopolístico poder-dever jurisdicional.

Taxinomicamente, os embargos de terceiro têm caráter: a) preventivo; ou b) repressivo, conforme procurem evitar a moléstia da posse, ou afastar a turbação ou o esbulho consumados.

4. Embargos de terceiro e embargos do devedor

Do ponto de vista finalístico, os embargos do devedor e os de terceiro são figuras processuais inconfundíveis, pois, enquanto os primeiros buscam, no geral, subtrair a eficácia do título executivo, os segundos limitam-se a evitar uma apreensão judicial de bens ou a afastar essa constrição.

Considerando-se, porém, que também pode agir como terceiro aquele que integra, como parte, a relação processual executiva, não seria juridicamente viável aplicar-se aqui o princípio da *fungibilidade* dos remédios judiciais, que informa, em especial, o sistema dos recursos? Por outras palavras: não seria possível admitir-se como embargos de terceiro os embargos a que o interessado venha, acaso, a denominar de à execução (ou do devedor)?

Se se tratar de mero equívoco quanto ao *nomen iuris* dado aos embargos, é elementar que esse erro de nomenclatura não deverá constituir obstáculo a que o juiz conheça como sendo embargos de terceiro aqueles a que a parte rotulou, impropriamente, de embargos do devedor. Caso, porém, os embargos ditos de terceiro contenham matérias próprias dos embargos à execução (para cujo exercício já se tenha operado a preclusão), incumbirá ao juiz indeferi-los liminarmente, em virtude da inadequação do objeto e da finalidade.

Em muitos casos concretos, de outra parte, são penhorados bens que se encontravam na posse do devedor, mas que a ele não pertenciam (detinha-os, digamos, na qualidade do locatário). Nessa hipótese, tanto o devedor quanto o proprietário poderão oferecer embargos de terceiro, com fulcro no art. 674, § 2.º, do CPC; o que não se admitiria é que o devedor ingressasse com embargos à execução, pretendendo, com isso, liberar os bens da constrição judicial. Não se poderia, aqui, conhecer desses embargos como sendo de terceiro (nada obstante o devedor estivesse legalmente legitimado a isso) em razão da absoluta diversidade de objetos entre ambos os embargos. Ademais, admitida que fosse a possibilidade, teríamos uma situação anômala em que, acolhidos os embargos "do devedor" e liberados os bens, este ter-se-ia oposto à execução sem efetuar, em rigor, a imprescindível garantia do juízo.

O caso concreto, que a seguir relataremos, espelha, com fidelidade, os riscos de não se efetuar uma exata captação dos fins díspares dos embargos à execução e dos embargos de terceiro.

Penhorados vários bens a certo devedor, este, em seus embargos, cientifica ao juízo que tais bens não lhe pertencem, pois os detinha na qualidade de arrendatário. Diante dessa expressa confissão, os embargos são rejeitados *in limine*, com fundamento no art. 918, do CPC; afinal, o juízo não estava seguro. Dessa decisão o embargante interpõe agravo de petição, a que o tribunal dá provimento e determina que o juízo *a quo* aprecie os embargos. Logo em seguida, porém, o proprietário dos bens oferece embargos *de terceiro*, que — diante da evidência das provas produzidas — são acolhidos, ordenando-se, em consequência, o levantamento da penhora que sobre eles recaía. Isso significou, em última análise, que o *devedor* pôde embargar, com sucesso, a execução, mesmo havendo desrespeitado a norma legal que impunha a prévia garantia do juízo para tanto. Se ele quisesse, efetivamente, "colaborar" com o juízo, como declarou ao informar que os bens penhorados não lhe pertenciam, deveria ter, no mesmo instante, nomeado outros à penhora. Não atentou o tribunal para essa particularidade e, em consequência, acabou consagrando, com perigosa inadvertência, a possibilidade de o devedor opor-se à execução sem qualquer constrição judicial de seu patrimônio.

Situação que merece particular exame diz respeito à situação do sócio que, em execução por quantia certa promovida contra a sociedade de que participa ou participava, tem os seus bens penhorados: neste caso, ele — entendendo não ter nenhuma responsabilidade pela dívida da sociedade —, deverá oferecer *embargos de terceiro* ou *embargos à execução*? Em princípio, os embargos adequados à sua tese seriam, sem dúvida, os *de terceiro*; o inconveniente desses embargos, entretanto, está em que, por sua estrutura e finalidade, não permitem discussão acerca de cálculos e de outros temas ligados ao mérito. Sendo assim, ele deverá apresentar embargos à execução, cuidando, todavia, antes de discutir o mérito, suscitar a preliminar de ilegitimidade passiva, com fundamento (por analogia) no art. 525, § 1.º, II, do CPC).

5. Legitimidade

Encontram-se legalmente legitimados para ajuizar a ação de embargos, na qualidade de terceiros:

a) quem, não sendo parte na relação processual executiva, sofrer turbação ou esbulho na posse de seus bens, decorrente de apreensão judicial (penhora, arresto, sequestro etc.: CPC, art. 674, *caput*);

b) o cônjuge ou companheiro, quando defende a posse de bens próprios ou de sua meação, ressalvado o disposto no art. 843;

c) o adquirente de bens cuja constrição decorreu de decisão que declara a ineficácia da alienação realizada em fraude à execução;

d) quem sofre constrição judicial de seus bens por força de desconsideração da personalidade jurídica, de cujo incidente não fez parte;

e) o credor com garantia real para obstar expropriação judicial do objeto de direito real de garantia, caso não tenha sido intimado, nos termos legais dos atos expropriatórios respectivos (CPC, art. 674, § 2.º, I a IV, respectivamente).

Uma pergunta oportuna: poderia, determinado proprietário (senhor, na linguagem da lei), opor embargos de terceiro se ainda não fora investido na posse dos bens apreendidos por ato judicial? Em que pese ao fato de ser conveniente uma construção doutrinária e jurisprudencial que conclua pela resposta afirmativa ante a questão posta, não podemos deixar de reconhecer que, possuindo esses embargos, segundo a lei (CPC, art. 674), natureza possessória, faleceria, na hipótese suscitada ao proprietário, legitimidade para ingressar com embargos de terceiro, uma vez que jamais *possuiu* os bens constritos.

A indicação do *cônjuge*, como terceiro, foi novidade trazida pelo CPC de 1973. E a alusão ao *companheiro* foi o contributo do CPC de 2015. Registre-se que o cônjuge ou companheiro somente estará legitimado para manejar esses embargos quando pretender realizar a defesa da posse de bens próprios ou de sua meação. Há, todavia, certa tendência jurisprudencial em não se admitir ao cônjuge (mulher) a qualidade de terceiro sempre que for citado para a execução promovida contra o marido, tendo a penhora incidido em bem imóvel. O que se insinua nessa corrente de jurisprudência é a afirmação de que a mulher apenas poderia intervir como terceiro quando não fosse citada para a ação. Não concordamos, *venia permissa*, com essa opinião. Ora, se a mulher apenas pudesse embargar, como terceiro, quando não citada para a execução, não haveria necessidade (nem razão) para o legislador redigir o inciso I, do § 2.º, do art. 674, do Código, pois a legitimidade da mulher já estaria assegurada pelo *caput* do mesmo artigo. A prevalecer, portanto, o pensamento de que estamos a discordar, o inciso I, do § 2.º, do art. 674, do CPC, não passaria de mera regra tautológica e inútil — o que não é verdade. Queremos crer que o preceptivo legal em apreço levou em conta o fato de a mulher poder alegar em juízo a circunstância de não poder ser legalmente responsabilizada pelo adimplemento das obrigações afetas ao seu marido, motivo por que o legislador erigiu essa ausência de responsabilidade da mulher em causa para a defesa da posse de seus bens dotais, próprios, reservados ou de sua meação.

A respeito do assunto sobre o qual estamos a discorrer, estabelece o art. 842, do CPC: "*Recaindo a penhora sobre bem imóvel ou direito real sobre imóvel, será intimado também o cônjuge do executado, salvo se forem casados em regime de separação absoluta de bens*". Essa determinação está em harmonia com a regra contida no art. 1.647, do Código Civil, de acordo com a qual "*Ressalvado o disposto no art. 1.648, nenhum dos cônjuges pode, sem autorização do outro, exceto no regime de separação absoluta: - alienar ou gravar de ônus real os bens imóveis. II – (...)".*

É evidente que, se, em determinado caso, a mulher figurar como litisconsorte passiva do marido (tendo sido, inclusive, citada nessa qualidade), por serem ambos legalmente responsáveis pelo adimplemento da obrigação contida no título executivo, ela não poderá fazer uso dos embargos de terceiro. Estamos a referir-nos à hipótese do art. 73, § 1.º, III, do CPC, a teor do qual ambos os cônjuges serão necessariamente citados para a ação (leia-se: execução) *"fundada em dívida contraída pelo marido a bem da família"*. Nesse caso, intimada da penhora, ela deverá oferecer embargos à execução — atuando, pois, na qualidade de devedora e não de terceiro.

Quanto ao credor com garantia real, a legitimidade que a lei lhe atribui, para oferecer embargos de terceiro, não vai além da finalidade de impedir a expropriação judicial dos bens dados em hipoteca, penhor ou anticrese, como está claro na redação do art. 674, § 2.º, IV, do CPC, lembrando-se que contra esses embargos o devedor (embargado) apenas poderá dizer que: a) o devedor comum é insolvente (alegação incabível na Justiça do Trabalho, onde toda execução por quantia certa tem como pressuposto devedor solvente); b) o título é nulo ou não obriga a terceiro; c) outra é a coisa oferecida em garantia (CPC, art. 680, I a III).

O fato de havermos asseverado, em linhas anteriores, que os embargos de terceiro somente são oponíveis a atos de apreensão judicial poderia fazer supor que legitimado, passivamente, para contestá-los seria o juiz que ordenou a constrição. Nada mais inexato seria pensar assim. A legitimação, no caso, é do credor-exequente, pois será ele o beneficiário da expropriação judicial dos bens penhorados, arrestados, sequestrados etc. Não se pode negar, contudo, legitimidade também ao devedor para impugnar os embargos. O seu interesse, na espécie, poderia advir, p. ex., do fato de haver indicado à penhora, como seus, os bens que agora um terceiro esteja a defender a posse. Entendemos que o ingresso do devedor, nos autos de embargos de terceiro, deveria ser na qualidade de assistente, acatando-se, assim, o procedimento traçado pelos arts. 119 a 124, do CPC.

6. Competência

Competente para apreciar os embargos de terceiro será o juízo que ordenou a apreensão dos bens (CPC, art. 676, *caput*), vale dizer, aquele que fez expedir o correspondente mandado.

Na execução mediante carta precatória, a competência será do juízo deprecado, exceto se o bem apreendido houver sido indicado pelo deprecante, ou já devolvida a carta (CPC, art. 676, parágrafo único).

É certo que essa dicotomia de competências poderá acarretar algumas dificuldades de ordem prática, como quando todos os bens forem penhorados pelo juízo deprecado, embora apenas parte deles tenha sido indicada pelo deprecante. Nesse caso, haveria, em rigor, dois embargos do mesmo terceiro: um relativo aos bens apontados pelo juízo deprecante; outro, pertinente aos bens apreendidos pelo deprecado. Nada impede, entrementes, que a doutrina e a jurisprudência, em situações que tais, estabeleçam a regra de que os embargos deverão ser um só, abarcando, pois, a todos os bens constritos, sendo competente para apreciá-los unicamente o deprecado, porquanto esse é o princípio que se irradia do parágrafo único do art. 676, do CPC. Com isso, evitar-se-ão certos transtornos de ordem prática, derivantes da oposição de dois embargos pelo mesmo terceiro, que poderão trazer consequências tumultuárias para o procedimento, além de retardar, sobremaneira, a satisfação do direito do credor-exequente.

Vale rememorar que, em matéria de *embargos do devedor*, a competência será do juízo *deprecante*, salvo se tiverem como objeto vícios ou irregularidades de atos praticados pelo deprecado, quando, então, a este caberá apreciar, exclusivamente, esse assunto. Esse é o critério estabelecido pelo art. 20 da Lei n. 6.830/80 e no art. 914, § 2.º, do CPC, e que difere do enunciado pela Súmula n. 46 do STJ, respeitante aos embargos *de terceiro*.

7. Prazo

Segundo a regra inscrita no art. 675, do CPC, os embargos de terceiro podem ser opostos: a) a qualquer tempo, no processo de conhecimento, desde que a sentença não tenha passado em julgado; b) no processo de execução, até cinco dias depois da adjudicação, da alienação por iniciativa particular ou da arrematação, enquanto não assinada a respectiva carta.

Entende Hamilton de Moraes e Barros que melhor teria sido se o legislador houvesse fixado o prazo para a oposição dos embargos a partir da ciência do ato judicial molestador da posse, pois "*Isso acarretaria segurança e economia do juízo do processo principal, pois que o feito já marcharia expurgado de dúvidas e problemas que o poderiam até sepultar, ou apenas desfazer os atos processuais posteriores ao ato embargado e dele consequentes*" (obra cit., pág. 299).

Discordamos desse parecer.

O critério segundo o qual o prazo para o oferecimento dos embargos de terceiro passaria a fluir da data em que o interessado tomasse conhecimento do ato jurisdicional atentatório à posse de seus bens seria de todo desaconselhável, pois marcado, quase sempre, por um subjetivismo que dificultaria a exata definição do dia em que isso ocorreu, rendendo ensejo, portanto, ao surgimento de intermináveis disputas acerca do assunto, no ano da realidade prática. Está a merecer encômios, pois, o critério adotado pelo atual CPC, uma vez que baseado em elementos objetivos, que, por sua natureza, permitem melhor constatação quanto à tempestividade, ou não, dos embargos em exame.

Infelizmente, certos setores da jurisprudência trabalhista vêm entendendo que o prazo de cinco dias, para o oferecimento de embargos de terceiro na execução, deve ser contado a partir do momento em que o terceiro teve ciência da penhora do bem. Esse entendimento, *data venia*, instaura uma desastrosa *insegurança jurídica* em todos os jurisdicionados, uma vez que passa a prevalecer não a *lei*, em sua expressão literal, mas a *opinião* de alguns dos aplicadores da norma. Essa insegurança jurídica é desrespeitosa do Estado Democrático de Direito, em que se funda a nossa República (CF, art. 1º). Não se está, aqui, a afirmar que o juiz deva ser sempre um mero leguleio, uma simples voz da lei (*bouche de le loi*), e sim, que não se deve, em nome de certos rasgos ou lampejos hermenêuticos, lançar as pessoas em um estado de insegurança, no que respeita à maneira de agirem em juízo, porquanto a lei deixará de ser a referência segura para isso.

No processo cognitivo, consequentemente, a oportunidade processual para o terceiro oferecer embargos apenas cessa com o trânsito em julgado da sentença — o que corresponde a afirmar que, enquanto estiver em curso o prazo para impugná-la pelos meios recursais previstos em lei, essa oportunidade para o manejo dos embargos ainda existirá. Pergunta-se, porém: se os autos já se encontrarem no tribunal, em grau de recurso, poderia o terceiro apresentar embargos? Em caso de resposta afirmativa, perante qual órgão jurisdicional?

Julgamos que, na hipótese aventada, os embargos não seriam possíveis, por, quando menos, duas razões. Em primeiro lugar, estando os autos no tribunal, o órgão de primeiro grau não pode praticar atos processuais, exceto quando expressamente autorizado por lei; em segundo, esses embargos não poderiam ser apresentados diretamente ao tribunal, pois competente para apreciá-los é sempre o juízo que ordenou a apreensão dos bens, como declara o art. 676, do CPC. Para compendiarmos tudo o que até esta parte dissemos, no processo de conhecimento: a) o trânsito em julgado da sentença que compôs a lide faz cessar a oportunidade para o oferecimento de embargos de terceiro; b) se o prazo recursal ainda está em curso, será possível a oposição desses embargos perante o juízo de primeiro grau, sendo distribuídos por dependência e autuados apartadamente (CPC, art. 676); c) estando os autos no tribunal, em grau de recurso, não serão admissíveis embargos de terceiro, seja porque o órgão de primeiro grau não pode praticar atos processuais, em virtude de a competência para apreciar a causa, como um todo, ser, naquele momento, do tribunal, seja porque o órgão de segundo grau não possui competência para julgar embargos de terceiro, como evidencia o art. 676, do CPC; afinal, o juízo que determinou a apreensão dos bens foi o de primeiro grau.

Relativamente ao processo de execução, como vimos, os embargos podem ser oferecidos até cinco dias após a adjudicação, a alienação por iniciativa particular ou a arrematação, contanto que a respectiva carta não tenha sido assinada (CPC, art. 675). Algumas dificuldades de ordem doutrinária podem surgir quando da aplicação prática desse preceito legal. Digamos, *e. g.*, que a carta venha a ser assinada *antes* dos cinco dias subsequentes à adjudicação, à alienação por iniciativa particular ou à arrematação: o terceiro teria, nesse caso, precluído o seu direito de oferecer embargos? Se, ao contrário, a carta vier a ser assinada *após* o decurso do quinquídio a que se refere o art. 675, do CPC, isso significa que o terceiro teria ampliado o prazo para a apresentação de embargos? Entendemos que o princípio a ser observado, em tema de embargos de terceiro, é o que fixa em até cinco dias depois da expropriação judicial ou da remição o prazo para o exercício desse direito. Com isso estamos afirmando que: a) se a carta vier a ser assinada *antes* desse prazo, não ocorrerá a preclusão do direito do terceiro, que poderá, portanto, embargar mesmo depois da assinatura da carta; não se veja nessa opinião uma ofensa à letra do art. 676 do CPC; como dissemos, o que se deve pôr à frente, nesta matéria, é o princípio representado pelo quinquídio que a lei concede ao terceiro para ajuizar a ação de embargos; valesse como *marco final inflexível* a assinação da carta, não haveria sentido para estabelecer-se o mencionado prazo de cinco dias: bastaria que o legislador declarasse que a oportunidade para a oposição dos embargos de terceiro iria até a assinatura dessa carta; b) se a carta vier a ser assinada após o quinquídio, não ocorrerá, como se possa imaginar, a dilatação do prazo para o ingresso em juízo dos embargos em estudo.

Examinamos, até aqui, o problema relativo ao momento final em que os embargos de terceiro podem ser aforados; é necessário verificar, agora, *a partir de que momento* essa ação poderá ser posta em juízo. A resposta depara-se-nos clara: a contar da existência do ato judicial que molestou a posse dos bens ou que está na iminência de molestá-la. Essa ilação traz duas consequências de ordem pragmática: a) inexistindo ofensa à posse, ou risco de ofensa, o terceiro deverá ser declarado carecedor da ação, por faltar-lhe *interesse processual* (CPC, art. 17); b) incumbe ao terceiro fazer prova (de preferência já na inicial) do ato atentatório à sua posse sem prejuízo de demonstrar, como exige a lei, a posse dos bens apreendidos e a qualidade de terceiro (CPC, art. 677, *caput*).

Pondera, por fim, Clóvis do Couto e Silva que, às vezes, determinados motivos de fato autorizam a considerar-se tempestivos os embargos apresentados após o decurso do prazo de cinco dias, a que alude a norma legal, como quando em execução ocorrer o extravio dos autos, tendo sido requerida a correspondente restauração para efeito de ser expedida carta de arrematação ("Comentários ao Código de Processo Civil", São Paulo: Revista dos Tribunais, 1982, vol. XI, tomo I, pág. 465). É verdade que essa nota formulada pelo eminente jurista nada mais representa do que uma aplicação concreta da regra inserida no art. 221, do CPC, que diz da suspensão dos prazos em decorrência de obstáculo criado pela parte.

8. Distribuição

Determina o art. 676, *caput*, do diploma processual comum a distribuição por dependência dos embargos de terceiro, que tramitarão em autos distintos perante o juiz que ordenou o apresamento.

Várias nótulas se tornam necessárias, em face dessa dicção legal.

Por primeiro, sendo os embargos em apreço ação autônoma, de caráter incidental e de conteúdo cognitivo e desconstitutivo, implicaria ofensa à sua natureza e aos seus objetivos o serem introduzidos nos mesmos autos dos quais se originou o ato de apreensão judicial; daí porque o Código, respeitando essa especificidade ontoteleológica, impôs a sua distribuição por dependência e sua autuação em separado.

A autonomia desses embargos pode ser aferida, p. ex., pelo fato de eventual extinção do processo de execução, proveniente de desistência manifestada pelo credor (CPC, art. 775), não obstar a sobrevivência dos embargos, em seu escopo de obter um provimento jurisdicional que proteja a posse que está a ser molestada por ato judicial.

A distribuição dos embargos de terceiro, por dependência, justifica-se pela conexão existente entre eles e a ação principal (CPC, art. 55). Não são raros, a propósito, os casos em que o juiz, por força da sentença proferida nos embargos, se vê obrigado a reapreciar certos atos que praticara no processo principal, em virtude da repercussão aqui provocada por aquela decisão.

Nem se omita a declaração legal de que a decisão que reconhecer suficientemente provado o domínio ou a posse dos bens do terceiro determinará a suspensão das medidas constritivas sobre os bens objeto dos embargos, bem como a manutenção ou reintegração provisória da posse, caso o embargante a tenha requerido (CPC, art. 678, *caput*).

Por segundo, a assertiva legal de que tais embargos tramitarão perante o *juiz que ordenou a apreensão* poderia levar à inferência de que esses embargos apenas seriam oponíveis quando se verificasse a efetiva turbação ou esbulho da posse; conclusão nesse sentido seria equivocada, pois é bastante para o exercício desse direito de ação que haja um *iminente risco* de apreensão judicial de bens.

9. Procedimento

a) Elaborando a sua petição com observância do disposto no art. 319 do CPC (embora, no processo do trabalho (procedimento ordinário), não se exija que a peça inaugural mencione o valor da causa, é recomendável que esse requisito do processo civil seja atendido, a fim de evitarem-se certos incidentes futuros), caberá ao autor: a) fazer a prova sumária de sua posse ou do seu domínio e b) de sua qualidade de terceiro (CPC, art. 677).

Como afirmamos antes, deverá o embargante, já na inicial, produzir prova quanto à apreensão judicial realizada, ou que está precípite a ser feita, pois isso constitui pressuposto essencial para a admissibilidade dos embargos. Essa prova poderá ser realizada mediante certidão expedida pelo juízo que está a molestar a posse ou fotocópia autenticada do mandado correspondente. Não sendo produzida essa prova, a inicial deverá ser indeferida, pois desacompanhada de documento indispensável ao ajuizamento da ação (CLT, art. 787; CPC, arts. 320 e 330, IV).

Incumbirá ao embargante, além de fazer a prova sumária de sua posse, oferecer documento e rol de testemunhas (CPC, art. 677, *caput*). O adjetivo *sumário* está a indicar que a prova da posse deve ser, por princípio, *documental*. O oferecimento de outros documentos necessários ou úteis à instrução processual, bem como da relação das testemunhas, liga-se ao sentido sumário do procedimento. Entendemos, por isso, que no plano dos embargos de terceiro, no processo do trabalho, não incide o preceito do art. 677, *caput*, do CPC, pois no art. 825, da CLT, não se consagrou a exigência de apresentação de róis de testemunhas.

Se o embargante não possuir meio documental comprovativo de sua posse, poderá requerer ao juiz a designação de audiência preliminar, para nela produzir a prova necessária (CPC, art. 677, § 1.º). De modo geral, quando da realização dessa audiência preliminar o embargado não foi ainda citado, na medida em que o ato citatório pressupõe o recebimento dos embargos. Acontecendo, todavia, de — por alguma razão particular — o embargado ser citado antes da audiência preliminar, a ela poderá comparecer, para acompanhar a justificação da posse, conquanto entendamos não possa, nessa oportunidade, contraditar as testemunhas ou oferecer contraprova. Ao embargado se permitirá produzir provas documentais na contestação (CPC, arts. 434 e 307, parágrafo único) e testemunhais na audiência relativa à instrução oral do procedimento.

Consentir-se ao réu impugnar, na audiência preliminar, documentos e testemunhas oferecidos pelo embargante, seria antecipar, irregularmente, o contraditório próprio dessa ação; do ponto de vista do juiz, haveria inescusável *error in procedendo*, que desafiaria correição parcial, em decorrência da índole tumultuária do procedimento, de que se faz provido o seu ato.

O possuidor direto poderá alegar, com sua posse, domínio alheio (CPC, art. 677, § 2.º).

b) A citação do embargado será pessoal, caso este não possuir advogado constituído nos autos principais (*ibidem*, § 3.º).

c) Sendo a posse julgada suficientemente provada, o juiz deferirá *in limine* os embargos e determinará a emissão de mandado de manutenção ou de restituição em favor do embargante. O juiz poderá condicionar a ordem de manutenção ou de reintegração provisória de posse à prestação de caução, pelo requerente, exceto se este for economicamente hipossuficiente (CPC, art. 678, parágrafo único).

A caução se destina a ressarcir os danos que, porventura, venha o credor a sofrer, em virtude da outorga do mandado de manutenção ou de restituição, em benefício do terceiro, quando os embargos destes vierem a ser rejeitados.

A referência legal à *posse julgada suficientemente provada* faz ressaltar aí a presença de uma *decisão judicial*, de caráter interlocutório, e não sentença, pois esse ato jurisdicional não é dotado de eficácia extintiva do processo (CPC, art. 203, § 1.º); logo, é irrecorrível, em consonância com o sistema imperante no processo do trabalho (CLT, art. 893, § 1.º).

A concessão liminar dos embargos apresenta um forte traço de cautelariedade, que se manifesta pela expedição de mandado tendente a prover a manutenção ou a restituição da posse, em prol do embargante, conforme tenha o ato jurisdicional molestador implicado turbação ou esbulho.

d) A decisão judicial, que admite, liminarmente, os embargos opostos por terceiro, produz, dentre outros efeitos processuais, os seguintes: 1) suspende a execução, no que toca aos bens sobre que versam os embargos, suspensão que perdurará até o proferimento da sentença de fundo; 2) conserva o embargante na posse dos bens; 3) exige que o embargante preste caução quanto ao valor e aos rendimentos dos bens; 4) faz litigiosos os bens objeto dos embargos (Hamilton de Moraes e Barros, obra cit., pág. 309).

Impende destacar que o juiz, ao manter o embargante na posse dos bens, não está, com esse ato, permitindo-lhe alienar tais bens; a indisponibilidade da coisa decorre da litigiosidade que a envolve.

e) Versando os embargos sobre a totalidade dos bens, o juiz determinará a suspensão do curso do processo principal; caso tenham como objeto apenas alguns bens, o processo principal prosseguirá em relação aos bens não embargados. Inteligência do art. 678, *caput*, do CPC.

Se os embargos de terceiro suspendessem, invariavelmente, o processo principal como um todo, isso poderia estimular o terceiro a, em conluio com o devedor, oferecer embargos com a finalidade exclusiva de sobrestar, p. ex., a execução e, com esse expediente escuso, tirar proveito disso. De outro lado, a não admitir-se, em nenhum caso, a possibilidade de os embargos em questão suspenderem o processo principal, daí poderiam advir consequências danosas aos legítimos interesses do devedor. O art. 678, *caput*, do CPC, traz, implícito, um critério de equilíbrio entre essas situações, fazendo com que o curso do processo principal seja suspenso somente se os embargos tiverem por objeto a totalidade dos bens constritos; se versarem sobre parte dos bens apreendidos, o processo principal prosseguirá quanto aos que não foram embargados.

O efeito suspensivo dos embargos de terceiro não é, contudo, automático, vale dizer, não é liberado com o simples ajuizamento da inicial. Não há como negar, por certo, o caráter imperativo da declaração contida no art. 678, *caput*, do CPC; essa imperatividade quanto ao efeito suspensivo dos embargos pressupõe, à evidência, que estes tenham sido *admitidos* pelo juiz. Se forem rejeitados, *in limine* — por desrespeito, *v. g.*, ao art. 677, *caput*, do CPC, ou por não haver o embargante produzido prova em relação à moléstia judicial da posse — não se poderá pensar em suspensão do processo principal, a que tais embargos se ligam pelo elemento da conexidade.

Se, entretanto, o juiz *receber* os embargos, aí sim a suspensão do processo principal — no todo ou em parte — será automática; significa dizer, estará implícita no despacho de recebimento, embora seja sempre recomendável que o juiz explicite essa suspensão e mande juntar aos autos do processo principal cópia desse despacho. Tendo sido os embargos apresentados ao juízo deprecado, e aí recebidos, este deverá oficiar ao deprecante, a fim de que seja suspenso o curso do processo principal.

Transitando em julgado a sentença concernente aos embargos de terceiro, será destravado o curso do processo principal, hipótese em que a execução (para nos restringirmos a ela) prosseguirá sobre os mesmos bens (ou o ato expropriatório será consumado com a assinatura da carta correspondente) ou sobre outros bens, que venham a ser penhorados em substituição aos anteriores — conforme tenham sido os embargos rejeitados ou acolhidos. São múltiplas, enfim, as repercussões que o julgamento dos embargos sói acarretar no plano do processo principal. Seria estafante pretender enumerá-las.

f) Diz a norma legal que a parte contrária terá o prazo de quinze dias para contestar os embargos (CPC, art. 679). A contestação não é, contudo, a única modalidade de resposta que se admite em face desses embargos; poderá o embargado (que é o credor-exequente), p. ex., formular exceção de incompetência *ratione loci*, no prazo de cinco dias que se seguir à citação, caso em que terá o excepto também cinco dias para manifestar-se sobre a exceção (CLT, art. 800, § 2.º). Tão curioso quão necessário observar é que a exceção de incompetência *suspenderá* o processo de embargos de terceiro (CLT, art. 799, *caput*), que, por sua vez, *suspenderá* o principal (CPC, art. 678).

Ao embargado não se permitirá, porém, formular reconvenção ou visar à obtenção de sentença declaratória incidental (CPC, art. 19), a despeito de ser-lhe lícito alegar fraude à execução (CPC, art. 792). O *concilium fraudis* pode ser perfeitamente arguido nos embargos de terceiro, em decorrência do caráter autônomo dessa ação aforada por este, relativamente à ação principal.

Não sendo contestados os embargos, presumir-se-ão aceitos pelo embargado, como verdadeiros, os fatos alegados pelo embargante (CPC, arts. 679 e 341), realizando-se, em consequência, o julgamento antecipado dessa lide (CPC, art. 335, II). Julgamento antecipado ocorrerá, também, quando a matéria ventilada nos embargos for unicamente de direito, ou sendo de direito e de fato não houver necessidade de produzir prova em audiência (*ibidem*, I).

Havendo contestação aos embargos, o juiz designará audiência de instrução e julgamento, desde que haja prova a ser nela produzida (CPC, art. 679).

g) Se a sentença acolher os embargos de terceiro, o juiz determinará que se expeça mandado de manutenção ou de reintegração, salvo se já houver sido concedido liminarmente. Neste último caso, cumprirá ao juiz, também, ordenar o levantamento da caução, acaso prestada pelo embargante (CPC, art. 678, parágrafo único).

Sendo rejeitados os embargos, a carta de arrematação, adjudicação ou remição será assinada, extinguindo-se a execução (CPC, art. 924), ou prosseguindo na hipótese de o valor da arrematação não ter sido suficiente para satisfazer, de maneira integral, o direito do credor (CPC, art. 851, II).

h) Diante dos embargos do credor com garantia real (pignoratícia, anticrética ou hipotecária), o embargado apenas poderá alegar que: 1) o devedor comum é insolvente; 2) o título é nulo e não obriga a terceiro; 3) diversa é a coisa dada em garantia (CPC, art. 680, I a III).

Credor, na espécie, não é o que figura no polo ativo da relação processual executiva, e sim aquele que possui, em seu benefício, uma garantia real; desse modo, agindo na qualidade de terceiro, pode oferecer embargos com o objetivo exclusivo de impedir a expropriação judicial dos bens sobre os quais incidiu a hipoteca, o penhor ou a anticrese (CPC, art. 674, IV).

i) Tendo sido oferecidos, ao mesmo tempo, embargos à execução e embargos de terceiro, a precedência, para o julgamento, deverá ser destes últimos, pois, em regra, acarretam reflexos jurídicos naqueles. Imaginemos, *e. g.*, que os embargos de terceiro sejam acolhidos, determinando o juiz, em consequência, o desfazimento do ato constritivo; nessa hipótese, a liberação dos bens apreendidos fará com que os embargos *do devedor* não sejam admitidos, em razão da falta de garantia do juízo (CLT, art. 884, *caput;* Lei n. 6.830/80, art. 16, § 1.º).

10. Recurso interponível

Da sentença proferida em embargos de terceiro opostos no processo de execução, seria cabível recurso ordinário, ou o de agravo de petição? Na procura da resposta, tanto a doutrina quanto a jurisprudência se fragmentaram em correntes internas, nitidamente opostas.

O argumento dos que, no passado, sustentavam ser interponível o recurso ordinário se concentrava na particularidade de constituírem os embargos de terceiro ação autônoma, incidental e de conteúdo cognitivo, tanto que pressupõem, em alguns casos, a realização de audiência destinada à coleta de provas, ou de audiência preliminar para a justificação da posse turbada ou esbulhada.

Nunca foi esse o nosso entendimento.

O art. 897, "a", da CLT diz que das decisões proferidas na execução será interponível *agravo de petição* — sem fazer qualquer separação entre referir-se essa decisão aos embargos do devedor ou de terceiro. Não é lícito ao intérprete distinguir onde a lei não o faz. O que define, pois, sob a óptica peculiar do processo do trabalho, a modalidade recursal adequada para impugnar as decisões prolatadas na execução não é o tipo ou a natureza da ação em que o pronunciamento jurisdicional é emitido, e sim o *processo* em que isso ocorre. Tendo sido no *de execução*, o único recurso viável será, sem dúvida, o de agravo de petição (CLT, art. 897, "a").

Além disso, o agravo citado atende, na espécie, ao princípio do duplo grau de jurisdição, porquanto o terceiro, que opôs embargos, poderá — no caso de estes virem a ser rejeitados — submeter a matéria a reexame, pelo tribunal, por intermédio daquele meio recursal específico.

A controvérsia, outrora estabelecida, acerca de qual o recurso interponível da sentença proferida em embargos de terceiro não seria, contudo, produto de meras cerebrações acadêmicas, destituídas, portanto, de interesses de ordem prática? Certamente que não. Na corrente de pensamento que preconizava o cabimento do recurso ordinário se insinuava, em verdade, o propósito de fazer com que matéria característica da execução pudesse ser submetida, sem maiores entraves, à apreciação do TST, via recurso de revista, contornando, por essa forma engenhosa, a vedação nitidamente insculpida no § 2.º do art. 896 da CLT. Em rigor, esse escopo algo sub-reptício não tem, nos dias de hoje, a mínima possibilidade de obter êxito. Justifiquemos. No passado, a sobrevivência (embora forçada) desse segmento de opinião era possível em face da primitiva redação da mencionada norma legal: *"Das decisões proferidas pelos Tribunais Regionais, ou por suas turmas, em execução de sentença, não caberá recurso de revista para o Tribunal Superior do Trabalho"*. Dizia-se que a sentença lançada nos embargos de terceiro não era alcançada por esse preceito normativo, em virtude do caráter autônomo de tais embargos. Esse argumento, porém, já não possui a relevância que, acaso, pudesse ter, pois o art. 12, § 4.º, da Lei n. 7.701, de 21 de dezembro de 1988, impôs nova redação ao § 4º do art. 896 da CLT, que passou a ser a seguinte: *"Das decisões proferidas pelos Tribunais Regionais do Trabalho, ou por suas Turmas, em execução de sentença, inclusive em processo incidente de embargos de terceiro, não caberá o Recurso de Revista, salvo na hipótese de ofensa direta à Constituição Federal"* (realçamos). Posteriormente, a Lei n. 9.756, de 17 de dezembro de 1998 (art. 2.º), deslocou a matéria para o § 2.º do art. 896 da CLT, dando-lhe a seguinte redação: *"Das decisões proferidas pelos Tribunais Regionais do Trabalho ou por suas Turmas, em execução de sentença, inclusive em processo incidente de embargos de terceiro, não caberá Recurso de Revista, salvo na hipótese de ofensa direta e literal de norma da Constituição Federal"* (destacamos).

A expressa referência aos embargos de terceiro colocou, como se nota, uma pá de cal na antiga polêmica a respeito de qual o recurso cabível da sentença aí proferida, quando os embargos tenham sido oferecidos no processo de execução.

Permitir-se, portanto, a interposição de recurso ordinário, nesse caso, seria, a um só tempo, perpetrar grave ofensa ao § 2.º do art. 896 da CLT e criar ambiente propício ao retardamento da satisfação dos direitos do credor soberanamente abrigados no título executivo. Isso seria extremamente grave para um processo que fez da celeridade uma das suas pilastras de sustentação.

De lege lata, pois, a única possibilidade de ser interposto recurso, ao TST, das decisões tiradas em execução de sentença surgirá quando o pronunciamento jurisdicional acarretar ofensa direta e literal a norma da Suprema Carta Política do País (CLT, art. 896, § 2.º).

|CAPÍTULO V|

EXECUÇÃO DE CONTRIBUIÇÕES SOCIAIS

1. A Emenda Constitucional n. 20/98

Durante largo período, muito se discutiu, nos foros da doutrina e da jurisprudência, sobre a competência da Justiça do Trabalho para promover execuções relativas a contribuições previdenciárias e ao Imposto de Renda.

Encontrava-se no auge essa controvérsia quando adveio a Emenda Constitucional n. 20, de 15 de dezembro de 1998 (DOU de 16 do mesmo mês), que introduziu o inciso 3.º no art. 114 da Constituição Federal, com esta redação: "Compete ainda à Justiça do Trabalho executar, de ofício, as contribuições sociais previstas no art. 195, I, *a* e II, e seus acréscimos legais, decorrentes das sentenças que proferir".

A contar daí, a Justiça do Trabalho ficou dotada de competência para executar as contribuições devidas à Previdência Social. Essa competência, todavia, é *reflexa* ou *derivada*, uma vez que pressupõe a existência de sentença ou acórdão proferido pela Justiça do Trabalho. Assim, sem uma lide trabalhista preexistente, não se pode cogitar da competência desta Justiça Especializada para executar contribuições previdenciárias, ainda que estas possuam origem em um contrato de trabalho.

Passou-se a entender, também, que essa competência alcançava a execução das quantias devidas a título de imposto de renda, caindo por terra, em razão disso, a antiga controvérsia acerca do assunto.

Tempos depois, o teor do § 3.º do art. 114, da Constituição Federal, convolou-se para o inciso VIII, do mesmo dispositivo, *ex vi* da Emenda constitucional n. 45, de 2004.

Antes de nos pronunciarmos sobre a competência ou incompetência da Justiça do Trabalho para promover a execução de valores devidos a título de imposto de renda, devemos observar que, ao contrário do que sustentava certo setor da doutrina, o § 3.º do art. 114, da Constituição Federal, não traduzia norma de eficácia contida, de forma que, supostamente, careceria de regulamentação por ato legislativo infraconstitucional, a fim de fazer-se valer no plano da realidade prática. A referida norma, por versar sobre competência material, era autoaplicável (*self-executing*), conquanto reconhecêssemos que a necessidade de aplicação uniforme do preceito estivesse a sugerir a edição, pelo TST, de ato, mesmo sem caráter normativo, com essa finalidade.

Para logo, duas observações devem ser efetuadas. Em primeiro lugar, a referência feita pela aludida Emenda ao art. 195 da Constituição deixava claro que ela se ocupara, unicamente, com as contribuições devidas, por empregados e empregadores, à Previdência Social. Sendo assim, é razoável sustentar a opinião de que a Justiça do Trabalho continua destituída de competência para apreciar litígios versando sobre Imposto de Renda. Expliquemo-nos. Sempre entendemos que, anteriormente à precitada Emenda, a Justiça do Trabalho se encontrava desapercebida de competência para solucionar controvérsias pertinentes a contribuições previdenciárias e ao Imposto de Renda, pois essa competência não estava inscrita no art. 114 da Constituição Federal, em sua redação primitiva. Tanto estávamos certos em nosso ponto de vista, que foi necessário haver uma Emenda Constitucional (n. 20/98) para que a Justiça do Trabalho se visse provida de competência para solver lides envolvendo contribuições previdenciárias. Todavia, nenhuma Emenda foi ainda realizada no texto constitucional, atributiva a esta Justiça Especializada de competência para solver conflitos tendo como objeto valores relativos ao Imposto de Renda. Em todo o caso, doutrina e jurisprudência, pelo que se pode verificar, tendem a admitir uma tal competência. O tema, contudo, continua aberto a discussões. Em segundo lugar, de acordo com alguns intérpretes, se fôssemos levar à risca a literalidade da Emenda Constitucional n. 20/98, chegaríamos à conclusão de que ela, em rigor, não comete competência à Justiça do Trabalho para solucionar controvérsias atinentes, nem mesmo a contribuições previdenciárias. Assim sustenta essa corrente de opinião porque a competência que se atribuiu a esta Justiça foi para *executar* ditas contribuições, desde que "decorrentes das sentenças que proferir". Afirma-se, com isso, que a Justiça do Trabalho somente teria essa competência quando a determinação para serem deduzidas as contribuições previdenciárias constasse da sentença — pouco importando se o juízo trabalhista possuísse, ou não, competência para apreciar a matéria. Convenhamos, porém: estamos diante de um paralogismo, porquanto essa interpretação seria visivelmente forçada, postiça, e até perturbadora dos princípios, pois, além de a competência estar aflorada na redação da aludida Emenda, mesmo que assim não se entendesse, estaria, quando menos, aí logicamente implícita.

Por outro lado, deve ser realçada a possibilidade de o Juiz do Trabalho promover *ex officio* — vale dizer, mesmo sem requerimento do interessado — a execução que tenha por objeto contribuições previdenciárias devidas por empregados ou empregadores. Essa potestade judicial se encontrava estampada no § 3.º do art. 114, da Constituição Federal, que fazia expressa referência à execução *de ofício* das contribuições previdenciárias. Aludida iniciativa judicial constitui, aliás, particularidade do processo do trabalho, conforme evidencia o art. 878, *caput*, da CLT, que, ao contrário do que supõem alguns, não foi derrogado pelo art. 4.º da Lei n. 5.584, de 26 de junho de 1970. Este dispositivo legal apenas enfatizou, *ad cautelam*, a regra geral constante do art. 878, *caput*, da CLT.

Sob o aspecto político, não podemos deixar de dizer que a Emenda Constitucional n. 20/98, queiramos ou não, acabou por transformar a Justiça do Trabalho em órgão arrecadador de contribuições previdenciárias; e os seus juízes, em agentes do Executivo — o que é algo preocupante, sob a perspectiva da clássica tripartição dos Poderes da República e da autonomia que a própria Constituição Federal assegura a cada um deles (art. 2.º). Não se pode deixar de considerar, ainda, nesse contexto, as jurídico-políticas que motivaram e justificaram a *especialização* desse ramo do Poder Judiciário, há mais de meio século. Lamentavelmente, porém, bem ou mal, *legem habemus*.

Posteriormente – conforme assinalamos –, em decorrência da Emenda Constitucional n. 45/2004, a matéria foi deslocada para o inciso VIII, do art. 114, da Constituição, conforme o qual a Justiça do Trabalho possui competência para promover "a execução, de ofício, das contribuições sociais previstas no art. 195, I, *a*, e II, e seus acréscimos legais, decorrentes das sentenças que proferir".

Mais tarde, a Lei n. 13.467/2017 alterou a redação do parágrafo único do art. 876, da CLT, que passou a ser a seguinte: "A Justiça do Trabalho executará, de ofício, as contribuições sociais previstas na alínea *a* do inciso I e no inciso II do art. 195 da Constituição Federal, e seus acréscimos legais, relativas ao objeto da condenação constante das sentenças que proferir e dos acordos que homologar".

Estas foram as razões apresentadas pelo legislador:

> "Por intermédio da modificação do parágrafo único do art. 876, pretendemos atualizar esse dispositivo da CLT, adaptando-o ao que determina a Súmula Vinculante n. 53 do STF, segundo a qual '*a competência da Justiça do Trabalho prevista no art. 114, VIII, da Constituição Federal alcança a execução de ofício das contribuições previdenciárias relativas ao objeto da condenação constante das sentenças que proferir e acordos por ela homologados*'. Registre-se que o entendimento do TST é na mesma linha, nos termos do inciso III da Súmula n. 368".

As alterações introduzidas no parágrafo único do art. 876, da CLT, foram estas:

> a) especificou-se que as contribuições sociais são aquelas previstas nos incisos I e II, do art. 195, da Constituição Federal;
>
> b) ao fazer uso da expressão "*relativas ao objeto da condenação constante das sentenças que proferir e dos acordos que homologar*", a norma deixou

implícita a controversa possibilidade – que antes estava explícita – de a condenação compreender, inclusive, "*os salários pagos durante o período contratual reconhecido*" (CLT, art. 876, parágrafo único).

Eis o teor da Súmula n. 368, do TST, invocada pelo Relator do Projeto:

DESCONTOS PREVIDENCIÁRIOS. IMPOSTO DE RENDA. COMPETÊNCIA. RESPONSA-BILIDADE PELO RECOLHIMENTO. FORMA DE CÁLCULO. FATO GERADOR (aglutinada a parte final da Orientação Jurisprudencial n. 363 da SBDI-I à redação do item II e incluídos os itens IV, V e VI em sessão do Tribunal Pleno realizada em 26.06.2017) – Res. 219/2017, DEJT divulgado em 28, 29 e 30.06.2017

I – A Justiça do Trabalho é competente para determinar o recolhimento das contribuições fiscais. A competência da Justiça do Trabalho, quanto à execução das contribuições previdenciárias, limita-se às sentenças condenatórias em pecúnia que proferir e aos valores, objeto de acordo homologado, que integrem o salário de contribuição. (ex-OJ n. 141 da SBDI-1 – inserida em 27.11.1998)

II – É do empregador a responsabilidade pelo recolhimento das contribuições previdenciárias e fiscais, resultantes de crédito do empregado oriundo de condenação judicial.A culpa do empregador pelo inadimplemento das verbas remuneratórias, contudo, não exime a responsabilidade do empregado pelos pagamentos do imposto de renda devido e da contribuição previdenciária que recaia sobre sua quota-parte. (ex-OJ n. 363 da SBDI-1, parte final)

III – Os descontos previdenciários relativos à contribuição do empregado, no caso de ações trabalhistas, devem ser calculados mês a mês, de conformidade com o art. 276, § 4º, do Decreto n. 3.048/1999 que regulamentou a Lei n. 8.212/1991, aplicando-se as alíquotas previstas no art. 198, observado o limite máximo do salário de contribuição. (ex-OJs ns. 32 e 228 da SBDI-1 – inseridas, respectivamente, em 14.03.1994 e 20.06.2001)

IV – Considera-se fato gerador das contribuições previdenciárias decorrentes de créditos trabalhistas reconhecidos ou homologados em juízo, para os serviços prestados até 4.3.2009, inclusive, o efetivo pagamento das verbas, configurando-se a mora a partir do dia dois do mês seguinte ao da liquidação (art. 276, caput, do Decreto n. 3.048/1999). Eficácia não retroativa da alteração legislativa promovida pela Medida Provisória n. 449/2008, posteriormente convertida na Lei n. 11.941/2009, que deu nova redação ao art. 43 da Lei n. 8.212/91.

V – Para o labor realizado a partir de 5.3.2009, considera-se fato gerador das contribuições previdenciárias decorrentes de créditos trabalhistas reconhecidos ou homologados em juízo a data da efetiva prestação dos serviços. Sobre as contribuições previdenciárias não recolhidas a partir da prestação dos serviços incidem juros de mora e, uma vez apurados os créditos previdenciários, aplica-se multa a partir do exaurimento do prazo de citação para pagamento, se descumprida a obrigação, observado o limite legal de 20% (art. 61, § 2º, da Lei n. 9.430/96).

VI – O imposto de renda decorrente de crédito do empregado recebido acumuladamente deve ser calculado sobre o montante dos rendimentos pagos, mediante a utilização de tabela progressiva resultante da multiplicação da quantidade de meses a que se refiram os rendimentos pelos valores constantes da tabela progressiva mensal correspondente ao mês do recebimento ou crédito, nos termos do art. 12-A da Lei n. 7.713, de 22.12.1988, com a redação conferida pela Lei n. 13.149/2015, observado o procedimento previsto nas Instruções Normativas da Receita Federal do Brasil.

2. O INSS e a relação processual

A muitos causou sobressalto a afirmação, feita por certos setores da doutrina, quanto a ser, o INSS, *parte* na execução tendente à cobrança das contribuições que são devidas àquela entidade autárquica. Essa perplexidade derivou da dificuldade de admitir-se a possibilidade de o INSS adquirir esse *status*, não tendo participado da relação jurídica processual originária, assim entendida a que se estabeleceu entre o empregado e o empregador.

Ora, o fato de o INSS não haver participado do processo, a que poderíamos denominar de originário e principal, não impede que venha a tornar-se parte no processo de execução, no que respeita às contribuições sociais. O vocábulo *parte* provém da forma latina *pars, partis*, a significar quinhão, porção, ou seja, elemento fragmentário de um *todo* — que, em tema processual, é a lide, o conflito intersubjetivo de interesses, tendo como objeto um bem ou uma utilidade da vida. Segue-se, que, embora o INSS não haja figurado como parte, na lide estabelecida entre empregado e empregador — até mesmo por falta de interesse processual imediato —, poderá, perfeitamente, tornar-se parte no processo de execução, no que toca às contribuições que lhe são devidas, sem que isso constitua motivo para sobressaltos no espírito da doutrina.

3. Título executivo

Conforme pudemos demonstrar em páginas anteriores, um dos requisitos legais essenciais para promover-se qualquer execução é a existência de título executivo, que, se disser respeito a cobrança de crédito, deve conter obrigação certa, líquida e exigível (CPC, art. 783). Desde o Direito Romano antigo, aliás, se concebeu o princípio de que a execução seria nula se não estivesse fundada em um título, que a legitimasse (*nulla executio sine titulo*).

Diante disso, cumpre-nos formular as seguintes indagações: a) qual seria o título executivo que autorizaria as Varas do Trabalho a promover a execução das contribuições previdenciárias públicas?; b) qual a natureza jurídica desse título?

O título, autorizador da execução forçada de contribuições previdenciárias, no âmbito da Justiça do Trabalho, é a sentença (ou o acórdão: CPC, art. 204) condenatória do empregador, ou homologatória de transação, emitida pelos órgãos competentes deste ramo do Poder Judiciário Federal especializado. Note-se que o art. 114, VIII, da Constituição Federal, alude à condenação "decorrente das sentenças que proferir". Esses pronunciamentos jurisdicionais devem, efetivamente, ter conteúdo condenatório, porquanto as decisões de cunho exclusivamente constitutivo não geram obrigações de efetuar recolhimentos previdenciários, tão certo como as decisões meramente declaratórias não são exequíveis. Estas últimas, a propósito, como esclarecia o art. 290, *caput*, do CPC de 1939, valiam como simples preceito: "*na ação declaratória, a sentença que passar em julgado valerá como simples preceito, mas a execução do que houver sido declarado somente poderá promover--se em virtude de sentença condenatória*", acrescentando, ainda, o legislador daquela época: "*a sentença condenatória será pleiteada por meio de ação adequada à efetivação do direito declarado, sendo porém exequível* desde logo a condenação nas custas". Embora a mencionada regra não tenha sido reproduzida, de maneira expressa, pelo Código atual, foi por este recepcionada, pela via tácita, a cuja inferência se chega mercê de uma interpretação sistemática dos dispositivos que compõem o texto em vigor.

3.1. Natureza jurídica

Ainda hoje, a doutrina vem se manifestando, em movimentos algo pendulares, acerca do tema: ora, afirma que o título executivo produzido pela Justiça do Trabalho possui natureza essencialmente administrativa, quanto às contribuições previdenciárias; ora, que a natureza é exclusivamente judicial.

Em rigor, não se trata nem de uma coisa, nem de outra, consideradas individualmente — ou, de modo paradoxal, cuida-se de ambas, ao mesmo tempo. Justifiquemo-nos. Sob o ponto de vista *formal*, o título executivo, no caso, é *judicial*, porquanto produzido por órgão do Poder Judiciário (Justiça do Trabalho). É conveniente reiterar, neste passo, a regra do art. 114, VIII, da Constituição da República, segundo a qual compete à Justiça do Trabalho executar (de ofício, inclusive) as contribuições sociais "decorrentes das *sentenças* que proferir" (destacamos). Está claro, portanto, que o título executivo, no caso, somente pode ser *judicial*, ainda que se deva entender que a norma constitucional cumpre ser interpretada em conjunto com os arts. 204 e 1.008, do CPC, de modo que se conclua que o título executivo compreenda não apenas a sentença, em sentido estrito, mas, também, o acórdão. Analisado, todavia, o pronunciamento jurisdicional sob o aspecto *material*, logo revela o seu traço *administrativo*.

Os que se recusam em reconhecer a natureza judicial desse título soem argumentar que, anteriormente à sua constituição, inexistia lide tendo como objeto contribuições previdenciárias. Assim sendo, prosseguem, o INSS somente se tornaria parte após o proferimento da sentença condenatória, que solucionaria o conflito de interesses estabelecido entre trabalhador e empregador. Não concordamos com essa opinião, *data venia*. O fato de a entidade autárquica somente vir a tornar-se parte, no que se refere à relação jurídica processual, após a emissão da sentença alusiva ao processo de conhecimento, não significa que o título não seja judicial. O que importa é o fato de essas contribuições figurarem como consequência natural da condenação imposta ao empregador. A propósito, o § 3.º, do art. 832, da CLT, exige que as sentenças, sejam cognitivas ou homologatórias de acordo, indiquem sempre a natureza jurídica das parcelas constantes da condenação ou do acordo homologado, *"inclusive o limite de responsabilidade de cada parte pelo recolhimento da contribuição previdenciária, se for o caso"*.

A não se reconhecer a natureza *judicial* do título executivo que fundamenta a execução das contribuições previdenciárias, estar-se-á, a um só tempo: 1) cometendo o deslize de imaginar-se que os órgãos da Justiça do Trabalho, no exercício de sua função tipicamente *jurisdicional*, produzam títulos *administrativos*; 2) criando, arbitrariamente, uma terceira modalidade (*tertium genus*) de título executivo, pois esses títulos compreendem, apenas, duas categorias, a saber: judiciais ou extrajudiciais.

A questão pertinente à natureza jurídica do título, quanto às contribuições previdenciárias, é semelhante à das custas processuais, pois, também aqui, não terá havido, antes do proferimento da sentença condenatória, lide entre uma das partes e a Fazenda Pública Federal, à qual as custas são devidas. No caso das contribuições previdenciárias, conquanto inexista lide (pretensão resistida e insatisfeita, segundo o conceito carnelutiano) antes da sentença emitida no processo de conhecimento, essa lide poderá surgir ulteriormente, seja no recurso que o INSS venha a interpor da sentença, seja na fase de cálculos ou mesmo na execução, propriamente dita.

Pode-se asseverar, portanto, a existência de uma lide original e principal, tendo como partes autor e réu (empregado e empregador), de caráter amplo, e de outra, derivada e secundária, envolvendo o INSS, mais restrita, por ter como conteúdo material as contribuições previdenciárias devidas pelo empregado ou pelo empregador.

A opinião de que o título executivo, na situação em exame, seria *fiscal*, não é satisfatória, por tangenciar a investigação quanto à natureza formal do título e ater-se ao seu conteúdo, ou seja, ao aspecto material ou substancial.

Em suma, o título que legitima a execução de contribuições previdenciárias, no âmbito da Justiça do Trabalho, é, sob a óptica de sua origem *judicial* (porquanto produzido pelos órgãos competentes desta Justiça Especializada), embora, visto segundo seu *conteúdo*, exiba traços administrativos. Exclusivamente sob este último ângulo, poderíamos considerá-lo administrativo-fiscal.

4. Prescrição

Ainda é intensa a polêmica acerca da prescrição atinente às contribuições devidas à Previdência Social pública.

Basicamente, sustenta-se que o prazo é: a) de cinco anos; b) de dez anos.

Cinco anos. Os autores que sustentam esse prazo argumentam com os arts. 173 e 174, do Código Tributário Nacional (Lei n. 5.172/66), e com o art. 146, inciso III, letra "b", da Constituição Federal. Menciona-se, ainda, a Súmula n. 108, do extinto Tribunal Federal de Recursos: *"A constituição do crédito previdenciário está sujeita ao prazo de decadência de 5 (cinco) anos"*.

Dez anos. O fundamento desta opinião é o art. 45, da Lei n. 8.212, de 24 de julho de 1991, conforme o qual o direito de constituição de crédito da seguridade social extingue-se após dez anos.

Entendemos que o prazo prescricional seja de cinco anos. Em que pese ao fato de a Lei n. 8.212/91 (que, como vimos, cogita do prazo de dez anos) ser posterior à Constituição Federal vigente, é necessário chamar a atenção à particularidade de o art. 146, inciso III, alínea "b", desta, estatuir: *"Cabe à lei complementar: I — (...); III — estabelecer normas gerais em matéria tributária, especialmente sobre: a) (...); b) obrigação, lançamento, crédito, prescrição e decadência tributários"* (destacamos). Desta forma, mesmo que se reconheça a natureza tributária das contribuições devidas à Previdência Social, isto não autorizará a incidência do art. 45, da Lei n. 8.212/91, pois não sendo esta *lei complementar*, não está atendido o comando do art. 146, inciso III, letra "b", da Constituição. Como consequência, para que não se verifique um vazio legislativo, aplica-se o Código Tributário Nacional, cujo art. 174 prevê o prazo de cinco anos.

Uma nótula importante deve ser lançada: como estamos a versar sobre prescrição das contribuições previdenciárias públicas, devemos justificar esta nossa atitude, em face do disposto no art. 114, VIII, da Constituição Federal, que, ao permitir ao Juiz do Trabalho promover, *ex officio*, a execução dessas contribuições, parece estar repelindo a possibilidade de prescrição, no caso.

Na verdade, se os valores devidos à Previdência Social forem, por alguma razão, líquidos e incontroversos, ao juiz incumbirá promover, por sua iniciativa, a execução forçada dessas contribuições. Se, ao contrário, a apuração de tais valores somente for possível mediante a prática de certos atos, pelo INSS, e este deixar de fazê-lo após o decurso do prazo de cinco anos, contados da data da respectiva intimação, configurada estará a prescrição. Não se cuida, em rigor, na espécie, de prescrição intercorrente, mas de prescrição *originária*, porquanto, como dissemos, a execução pertinente às contribuições previdenciárias é autônoma, em relação à dos créditos do trabalhador, ainda que ambas se efetuem nos mesmos autos do processo. Essa autonomia se define segundo a legitimidade, o interesse e a matéria.

A observar-se, por fim, que, em virtude da nova redação imposta ao inciso II, do art. 487, do CPC, o juiz deverá pronunciar, por sua iniciativa, a prescrição.

5. Procedimento

O procedimento concernente à execução das contribuições previdenciárias deverá ser o estabelecido pela CLT, ou o traçado pela Lei n. 6.830, de 22 de setembro de 1980, que disciplina a cobrança judicial da Dívida Ativa da Fazenda Pública?

Logo após a vigência da Emenda Constitucional n. 20/98, vozes doutrinárias preconizavam a aplicação da Lei n. 6.830/80 ao procedimento destinado à cobrança das contribuições previdenciárias derivantes das condenações impostas pelos órgãos da Justiça do Trabalho. Esse ponto de vista tinha uma certa base jurídica, porquanto ditas contribuições passaram a ter natureza tributária, com o advento da Suprema Carta Política de 1988.

Entrementes, a Lei n. 10.035, de 25 de outubro de 2000, deitou por terra essa corrente de opinião, ao acrescentar: a) ao art. 876, da CLT, o parágrafo único; b) o art. 878-A; c) ao art. 879, os §§ 1º-A, 1º-B, 3º e 4º; e d) ao art. 884, o § 3º, além de haver alterado a redação do art. 880, *caput*.

Desta forma, a execução das quantias devidas à Previdência Social obedecerá ao estatuído nessas normas legais e nas disposições gerais da CLT. Sendo esta omissa, aplicar-se-ão, em caráter subsidiário (CLT, art. 889), as regras da Lei n. 6.830/80.

6. As Leis ns. 10.035/2000, 11.457/2007 e 13.467/2017

Comentário

Com o escopo de disciplinar a aplicação das disposições contidas na Emenda Constitucional n. 20/98, foi publicada a Lei n. 10.035, de 25 de outubro de 2000, que introduziu alterações nos arts. 831, 832, 876, 878, 879, 880, 884, 889 e 897 da CLT.

Posteriormente, foram publicadas as Leis ns. 11.457, de 16 de março de 2007, e 13.467, de 13 de julho de 2017, que impuseram alterações a alguns desses dispositivos da CLT.

Apreciemos, uma a uma, essas modificações, ainda que em voo breve.

"Art. 831..

Parágrafo único. No caso de conciliação, o termo que for lavrado valerá como decisão irrecorrível, salvo para a Previdência Social quanto às contribuições que lhe forem devidas."

Comentário

O princípio da irrecorribilidade do termo de conciliação (ou melhor: da sentença homologatória desse negócio jurídico bilateral) sempre esteve no art. 831 da CLT. O que se fez, agora, foi introduzir uma ressalva, segundo a qual essa regra da irrecorribilidade ontológica não se aplica à União, no que diz respeito às contribuições sociais.

Doravante, portanto, teremos uma situação algo *sui generis*: empregado e empregador não poderão recorrer da sentença homologatória da transação, conquanto esta possa ser impugnada, mediante recurso, pela União, naquilo que for do legítimo interesse desta. Esse privilégio foi instituído, provavelmente, pelo fato de a União, não havendo participado da transação realizada entre as partes, não ter podido defender os seus interesses.

O recurso, no caso, será, em princípio, o ordinário, pois a sentença homologatória da transação encerra o processo de conhecimento (CLT, art. 895, "a") com resolução do mérito (CPC, art. 487, III, "b"). Todavia, se a transação for efetuada no processo de execução, o recurso será o agravo de petição (CLT, art. 897, "a", § 8.º).

Em qualquer hipótese, o prazo para recorrer será de 16 (dezesseis) dias, por força do disposto no inciso III do art. 1.º do Decreto-Lei n. 779, de 21 de agosto de 1969.

Como a sentença homologatória de transação implica exaustão do processo mediante resolução do mérito e, no sistema do processo do trabalho, sempre foi irrecorrível para as partes (transatores), estas dispõem da ação rescisória para desconstituir os efeitos da coisa julgada material (TST, Súmula n. 259). A União também poderá exercer a ação rescisória, desde que devotada à defesa dos seus interesses, que, em princípio, se circunscrevem às contribuições sociais. Nesta hipótese, a União atuará na qualidade de terceiro juridicamente interessado (CPC, art. 967, inciso II).

"Art.832...
....(...)...

§ 3.º As decisões cognitivas ou homologatórias deverão sempre indicar a natureza jurídica das parcelas constantes da condenação ou do acordo homologado, inclusive o limite de responsabilidade de cada parte pelo recolhimento da contribuição previdenciária, se for o caso.

§ 4.º A União será intimada das decisões homologatórias de acordos que contenham parcela indenizatória, na forma do art. 20 da Lei n. 11.033, de 21 de dezembro de 2004, facultada a interposição de recurso relativo aos tributos que lhe forem devidos."

Comentário

A norma legal em exame exige que a sentença — seja condenatória ou meramente homologatória — indique a natureza jurídica das parcelas (títulos) objeto da condenação ou da transação, corresponde a dizer, esclareça se possuem natureza salarial ou indenizatória, pois, em princípio, não há incidência de contribuição previdenciária nesta última. Mais do que isso, a lei impõe a definição do limite de responsabilidade de cada parte, no que toca ao recolhimento das contribuições previdenciárias, pois, deixando a parte de recolher o montante que lhe cabe, será executada quanto a isso.

Anteriormente à edição da Lei n. 10.035/2000, costumavam as partes, com a anuência do Magistrado, atribuir natureza indenizatória a 90% ou até mesmo a 100% dos valores pagos em decorrência da transação estabelecida. Esse procedimento levou o INSS a autuar inúmeras empresas, por entender que havia, nisso, o escopo de se furtarem ao recolhimento de contribuições devidas à autarquia. A esse respeito, é assinalar o problema que daí advinha, pois as empresas, não raro, argumentavam que esse procedimento fora chancelado pela Justiça do Trabalho, mediante a emissão de sentença homologatória. Desta forma, opunham à autuação administrativa esse ato jurisdicional. Em verdade, o INSS, não havendo participado do processo que se extinguiu por transação, não tinha, na qualidade de terceiro, a sua esfera jurídica afetada pela sentença homologatória, em virtude do disposto na primeira parte do art. 506, do CPC, que estabelece os limites subjetivos da *res iudicata*: "A sentença faz coisa julgada às partes entre as quais é dada, não prejudicando terceiros".

Atualmente, o § 3.º do art. 832 da CLT ordena que a sentença, seja condenatória do pagamento de quantia, seja a homologatória de transação, indique (ou seja, especifique, discrimine) a natureza jurídica de cada parcela (além de mencionar o limite de responsabilidade de cada litigante pelo recolhimento das contribuições previdenciárias). A União poderá, no momento oportuno, concordar, ou não, com essa especificação, tomando como referência as normas legais ou demais dispositivos de caráter normativo aplicáveis à espécie.

Poderá ocorrer, todavia, de a sentença (condenatória ou homologatória) ser omissa quanto à indicação da natureza das parcelas que constituem objeto da condenação ou da transação. Diante disso, poderia a União oferecer embargos declaratórios? Para efeito de resposta a esta indagação, devemos separar as duas situações mencionadas. Vejamos.

Sentença condenatória. Neste caso, a União não terá legitimidade, nem interesse, para oferecer embargos de declaração, pois em se tratando dessa modalidade de pronunciamento jurisdicional (condenatório), qualquer intervenção da União, quanto à defesa do direito às contribuições que reputa lhe serem devidas, foi diferida pelo legislador para a fase de liquidação, como evidencia o art. 879, §§ 1º-A, 1º-B e 3º, da CLT.

Sentença homologatória. Aqui, há expressa disposição legal quanto à possibilidade de a União — e tão somente ela — interpor recurso ordinário (CLT, art. 832, § 4.º). Conseguintemente, aberta estará a possibilidade para oferecer embargos de declaração, cujo prazo será de dez dias, a considerar-se o disposto no Decreto-Lei n. 769/69, art. 1.º, inciso III; no art. 994, inciso IV, do CPC, e na OJ n. 192 da SBDI-I do TST.

Quanto ao recurso a ser interposto pela União, não deixa de ser ordinário pelo fato de esta autarquia não necessitar fazer o depósito pecuniário de que trata o art. 899, § 1.º, da CLT, e de não ser interposto por quem figurou como parte, no processo de conhecimento. No sistema peculiar do processo do trabalho, a definição quanto a ser ordinário, ou não, determinado recurso, está ligada, exclusivamente, ao processo em que a sentença foi emitida: se no cognitivo, o recurso será o ordinário (CLT, art. 895, "a"); se no de execução, será o agravo de petição (CLT, art. 897, letra "a", § 8.º).

"§ 5º Intimada da sentença, a União poderá interpor recurso relativo à discriminação de que trata o § 3º deste artigo.

§ 6º O acordo celebrado após o trânsito em julgado da sentença ou após a elaboração dos cálculos de liquidação de sentença não prejudicará os créditos da União.

§ 7º O Ministro de Estado da Fazenda poderá, mediante ato fundamentado, dispensar a manifestação da União nas decisões homologatórias de acordos em que o montante da parcela indenizatória envolvida ocasionar perda de escala decorrente da atuação do órgão jurídico." (NR)

Comentário

O § 3.º do art. 832 da CLT determina que a sentença ou as partes indiquem a natureza jurídica das parcelas constantes da condenação ou do acordo, respectivamente. Caso a União discorde dessa indicação, poderá interpor recurso ordinário da sentença, seja a condenatória, seja a homologatória. Em princípio, portanto, o interesse processual (CPC, art. 17) da União está restrito a essa matéria.

Algumas vezes, as partes celebram acordo posteriormente ao trânsito em julgado da sentença condenatória ou a elaboração dos cálculos, em valores inferiores ao da condenação ou ao dos cálculos. A despeito disso, os créditos da União, reconhecidos em ambos os casos, não podem ser prejudicados.

Quando o montante da parcela indenizatória acarretar perda de escala decorrente da atuação do órgão jurídico, o Ministro da Fazenda, por meio de ato fundamentado, poderá dispensar a manifestação da União.

"Art.876...

....

Parágrafo único. A Justiça do Trabalho executará, de ofício, as contribuições sociais previstas na alínea *a* do inciso I e no inciso II do *caput* do art. 195 da Constituição Federal, e seus acréscimos legais, relativas ao objeto da condenação constante das sentenças que proferir e dos acordos que homologar."

Comentário

A possibilidade de execução *ex officio*, pelos Juízes do Trabalho, das contribuições sociais à União está prevista, acima de tudo, no art. 114, VIII, da Constituição Federal, com a redação imposta pela Emenda n. 45/2004. Anteriormente, a matéria era regida pelo § 3.º da precitada norma constitucional.

Desse modo, deixando a parte de recolher a contribuição previdenciária que lhe incumbia, o Juiz, por sua iniciativa, dará início à execução forçada por quantia certa.

Cabe inserir, aqui, uma observação importante: a execução das contribuições sociais que o Juiz do Trabalho pode determinar *de ofício* não são, apenas, aquelas derivantes de sentença condenatória ou homologatória de transação, emitidas em causas envolvendo trabalhadores e empregadores. Admitida a competência da Justiça do Trabalho para solucionar conflitos de interesses oriundos de contratos de empreitada, em que o empreiteiro seja operário ou artífice (CLT, art. 652, letra "a", inciso III), parece-nos irrecusável a competência da Justiça do Trabalho para ordenar a execução das contribuições sociais devidas, neste caso. O mesmo podemos dizer quanto aos denominados trabalhadores avulsos, a que se refere o inciso XXXIV, do art. 7.º, da Constituição Federal.

Em resumo, pensamos que o inciso VIII do art. 114 da Constituição não deva receber interpretação restritiva, mediante a qual se entenda que a competência da Justiça do Trabalho, quanto à execução (*ex officio*) das contribuições sociais, fique circunscrita às causas envolvendo trabalhadores e empregadores. A interpretação há que ser ampla, de forma que permita essa execução em *todos* os conflitos de interesses, para cuja solução a Justiça do Trabalho possua competência.

O que se exige, para isso, é que o título judicial seja sentença condenatória do pagamento de determinadas quantias ou homologatória de transação realizada pelas partes.

> "Art. 878-A. Faculta-se ao devedor o pagamento imediato da parte que entender devida à Previdência Social, sem prejuízo da cobrança de eventuais diferenças encontradas na execução *ex officio*."

Comentário

Devedor, para os efeitos na norma legal sob comentário, tanto pode ser o empregador quanto o trabalhador, assim como o tomador e o prestador dos serviços. Pretendeu o legislador, com esta disposição, colocar à frente os interesses da Previdência Social, permitindo ao devedor pagar, desde logo, o valor das contribuições que reconhece dever a esta, seja em decorrência de sentença condenatória favorável ao trabalhador ou de sentença homologatória de transação.

Poder-se-ia imaginar que o advérbio *imediatamente*, utilizado na redação da norma em exame, não estaria a significar que o devedor poderia pagar desde logo o valor que julgasse ser devido à Previdência Social, pois a sentença ainda não se teria submetido ao procedimento da liquidação, a fim de ser revelado o *quantum debeatur*. Conquanto este raciocínio possua considerável base lógica, está, na verdade, dissociado da literalidade do texto legal. A permitir ao devedor pagar de imediato o valor que entende dever à Previdência Social, o legislador deixou claro que o momento de exercer essa faculdade se inaugura logo após o proferimento da sentença — condenatória ou homologatória —, ou seja, antes mesmo do procedimento da liquidação. Duas razões jurídicas nos levam a essa inferência. Demonstremos.

Em primeiro lugar, o valor a ser antecipadamente pago pelo devedor, a título de contribuição social, não é, em rigor, o *efetivamente devido*, senão aquele que essa parte *entende dever*. Apurado, mais tarde, por meio de liquidação, o valor efetivamente devido, o devedor será intimado a pagar as "eventuais diferenças encontradas na execução *ex officio*", conforme dispõe o texto legal sob comentário. Sob este aspecto, não se pode deixar de reconhecer que a faculdade concedida ao devedor, para pagar, de imediato, o que entende dever à Previdência Social, visa a atender aos interesses do INSS, que, desse modo, teria assegurado, em seu benefício, desde logo, o recolhimento de quantias reconhecidas pelo devedor. É certo que haverá, também, embora em menor intensidade, interesse do próprio devedor, porquanto esse recolhimento imediato o eximirá de pagar os "acréscimos legais", de que fala o art. 114, VIII, da Constituição Federal.

Em segundo lugar, o art. 878-A, que estamos a examinar, está, óbvia e topologicamente, situado *antes* do art. 879, que cuida da liquidação, em suas três modalidades clássicas. Esta particularidade reforça a nossa opinião de que o devedor poderá pagar as quantias que reputa serem devidas ao INSS antes mesmo de haver-se iniciado o procedimento da liquidação. E se a sentença for totalmente ilíquida, como geralmente se apresenta, como poderia a parte calcular o que deve a título de INSS? Por mais estranho que possa parecer, essa possibilidade de a sentença ser ilíquida é, justamente, o pressuposto para que o devedor estime o valor devido à mencionada entidade autárquica, pagando-o desde logo. Posteriormente, apurado o valor realmente devido, ele será chamado a recolher a diferença, sob pena de execução *ex officio*.

Esse recolhimento imediato traduz, como está evidente no texto constitucional, faculdade do devedor. Assim, este não está obrigado a efetuar nenhum pagamento antecipado de contribuição previdenciária, aguardando a emissão da "sentença" de liquidação, oferecendo, mais tarde, se for o caso, embargos à execução, que serão resolvidos por meio de sentença, da qual caberá o recurso de agravo de petição.

A União, como exige o art. 832, § 4.º, deverá ser intimado da sentença, dela podendo recorrer quanto às contribuições que julga lhe serem devidas. Obtendo sucesso no seu recurso, a União terá direito a receber a diferença entre aquilo que o devedor havia recolhido espontaneamente e o que é efetivamente devido, sob pena de a correspondente execução ser promovida, inclusive, por iniciativa do juiz.

Art. 879..

§ 1.º ....

§ 1.º-A. A liquidação abrangerá, também, os cálculos das contribuições previdenciárias.

§ 1.º-B. As partes deverão ser previamente intimadas para a apresentação do cálculo de liquidação, inclusive da contribuição previdenciária incidente.

§ 2.º Elaborada a conta e tornada líquida, o juízo deverá abrir às partes prazo comum de oito dias para impugnação fundamentada com a indicação dos itens e valores objeto da discordância, sob pena de preclusão.

§ 3.º Elaborada a conta pela parte ou pelos órgãos auxiliares da Justiça do Trabalho, o juiz procederá à intimação da União para manifestação, no prazo de 10 (dez) dias, sob pena de preclusão.

§ 4.º A atualização do crédito devido à Previdência Social observará os critérios estabelecidos na legislação previdenciária."

Comentário

Embora o texto dos dispositivos legais reproduzidos seja claro, convém repisar que:

a) a conta de liquidação deverá incluir também a contribuição social, quando devida;

b) a conta poderá ser elaborada pelas partes ou pelos órgãos auxiliares do juízo, como é o caso do contador (a que, costumeiramente, se tem denominado de perito). Não nos parece correto o procedimento, adotado por alguns Juízes do Trabalho, consistente em intimar a União, a fim de apresentar cálculos referentes às contribuições sociais que lhe são devidas. Essa atitude, além de bifurcar o procedimento (pois uma das partes ou o contador apresentará os cálculos atinentes às verbas trabalhistas, e a União, os alusivos às contribuições sociais), com inevitáveis consequências tumultuárias do procedimento, não encontra fundamento nas próprias disposições da CLT, regentes da matéria. O art. 879, que estamos a examinar, em nenhum momento prevê a confecção dos cálculos das contribuições previdenciárias *pelo INSS*. Ao contrário, o § 1.º-B desta norma legal estabelece que *as partes* serão intimadas para apresentação do cálculo de liquidação, "inclusive da contribuição previdenciária incidente";

c) apresentados os cálculos por uma das partes, a outra será intimada para pronunciar-se, juntamente com a União. Como afirmamos na letra anterior, a União não apresenta cálculos. Elaborados estes por uma das partes, a União será intimada a manifestar-se a respeito, no prazo de oito dias, juntamente com a outra parte (art. 879, § 2.º). A ausência de manifestação no decêndio implicará preclusão para a União ou para a parte contrária à que ofereceu cálculos. Ou para ambos, quando for o caso. A preclusão significa que a matéria de cálculos não mais poderá ser discutida na mesma relação jurídica processual. A não se entender desta forma, não haveria nenhuma razão jurídica para o legislador haver declarado a ocorrência de preclusão. Apesar disso, o devedor, por ocasião dos embargos que lhe são próprios (CLT, art. 884, *caput*), e desde que garantido o juízo (*ibidem*), poderá alegar a nulidade da execução — embora, insista-se, lhe seja vedado discutir os cálculos, em virtude da preclusão;

d) se os cálculos forem elaborados pelo contador, ambas as partes serão intimadas (cujo prazo para manifestação será comum). Também aqui, o silêncio de uma ou de ambas as partes fará gerar o efeito preclusivo de que trata o § 3.º do art. 879 da CLT;

e) a União disporá do prazo de 10 (dez) dias para manifestar-se sobre os cálculos, também sob pena de preclusão;

f) a Lei é omissa quanto a ser o prazo para o INSS comum ou sucessivo. Nas edições anteriores deste livro, afirmamos que, por um princípio lógico e equânime, o prazo seria também comum. Melhor refletindo sobre o assunto, passamos a entender que o prazo da União é sucessivo ao das partes;

g) se as partes ou a União nada disserem sobre os cálculos, no prazo que lhes couber, ocorrerá, como dissemos, a preclusão "temporal", de forma que impeça aquelas e este de discutirem, na mesma relação processual (impugnação, embargos, agravo de petição, recurso de revista), a matéria pertinente aos cálculos. Essa preclusão está referida nos §§ 2.º e 3.º do art. 879 da CLT, dizendo respeito às partes e à União, respectivamente;

h) por fim, a atualização do crédito do INSS será efetuada de acordo com os critérios estabelecidos na legislação previdenciária, não se subordinando, portanto, aos índices relativos à atualização monetária dos créditos trabalhistas. Naturalmente, isso acarretará um encargo a mais a quem tiver de elaborar a conta geral de liquidação.

É de indagar-se, nesta altura, se a execução das contribuições devidas ao INSS não deveria ser precedida de inscrição na Dívida Ativa, nos termos do art. 39, *caput*, da Lei n. 8.212/91, e do art. 6.º, §§ 1.º e 2.º, da Lei n. 6.830/80 — esta última aplicável ao processo do trabalho, em decorrência da regra contida no art. 889, da CLT? Entendemos que não. O art. 114, VIII, da Constituição Federal, faz inequívoca referência à execução *ex officio* das contribuições previdenciárias. Destarte, eventual exigência de prévia inscrição do crédito previdenciário em Dívida Ativa estaria em antagonismo com a citada norma constitucional, porquanto aludida inscrição constituiria ato da autarquia. Ademais, as disposições da CLT a respeito do procedimento concernente à atuação da União na Justiça do Trabalho, com vistas à definição do valor que lhe é devido e à correspondente execução, não prevêem inscrição do crédito em Dívida Ativa.

"§ 5.º O Ministro de Estado da Fazenda poderá, mediante ato fundamentado, dispensar a manifestação da União quando o valor total das verbas que integram o salário de contribuição, na forma do art. 28 da Lei n. 8.212, de 24 de julho de 1991, ocasionar perda de escala decorrente da atuação do órgão jurídico. (Incluído pela Lei n. 11.457, de 2007)

§ 6.º Tratando-se de cálculos de liquidação complexos, o juiz poderá nomear perito para a elaboração e fixará, depois da conclusão do trabalho, o valor dos respectivos honorários com observância, entre outros, dos critérios de razoabilidade e proporcionalidade. (Incluído pela Lei n. 12.405, de 2011)

§ 7.º A atualização dos créditos decorrentes de condenação judicial será feita pela variação do IPCA-E, ou por índice que venha substituí-lo, calculado pelo IBGE, que deverá ser aplicado de forma uniforme por todo o prazo decorrido entre a condenação e o cumprimento da sentença." (Redação dada pela Medida Provisória n. 905, de 2019)

Comentário

À semelhança do disposto no § 7.º do art. 832 da CLT o § 5.º do art. 879 da mesma Consolidação autoriza o Ministro da Fazenda a dispensar, mediante ato fundamentado, a manifestação da União quando o valor total das verbas integrantes do salário de contribuição – na forma do art. 28, da Lei n. 8.212/1991 – acarretar perda de escala derivante da atuação do órgão jurídico.

Normalmente, o que as pessoas em geral denominam de "perito", com vistas à elaboração de cálculos judiciais, se trata em rigor, de *contador*. No caso específico do § 6.º do art. 879 da CLT, contudo, o caso é, verdadeiramente, de *perito*, considerando-se a complexidade dos cálculos a serem confeccionados. Apresentado o laudo, o juiz deverá fixar os honorários do *expert*, levando em conta os critérios da razoabilidade e da proporcionalidade, entre outros.

A atualização monetária dos créditos oriundos de condenação judicial deverá ser efetuada segundo a variação do IPCA-E, ou por outro índice que venha a ser instituído pelo IBGE, em substituição ao IPCA-E. Esse índice deverá ser aplicado, uniformemente, por todo o prazo compreendido entre a condenação e o efetivo cumprimento da sentença, significa dizer, até o pagamento do débito.

"Art. 880. Requerida a execução, o juiz ou presidente do tribunal mandará expedir mandado de citação do executado, a fim de que cumpra a decisão ou o acordo no prazo, pelo modo e sob as cominações estabelecidas ou, quando se tratar de pagamento em dinheiro, inclusive de contribuições sociais devidas à União, para que o faça em 48 (quarenta e oito) horas ou garanta a execução, sob pena de penhora."

Comentário

A redação do *caput* do art. 880 da CLT, em sua essência, foi praticamente mantida pela Lei n. 11.457/2007. Na verdade, a modificação introduzida consistiu, apenas, na substituição do INSS pela União.

Em resumo: do mandado executivo deverão constar, além dos valores devidos ao credor, ao seu advogado, ao perito, ao contador, à Fazenda Pública (custas), também as contribuições sociais devidas à União.

Outras observações complementares devem ser formuladas. Em primeiro lugar, percebe-se, pela expressão literal do texto normativo em exame, que a execução forçada, por quantia certa, compreenderá, ao mesmo tempo, os créditos do trabalhador e os do INSS. Não há, desta forma, uma execução específica para os primeiros e outra para os últimos. O que existe, isto sim, é uma unificação das execuções — o que não deve causar estranheza a quantos militam na Justiça do Trabalho, porquanto sempre se fez em via única a execução dos créditos trabalhistas e, por exemplo, dos honorários periciais e das custas do processo. Agregam-se, agora, os créditos previdenciários. Em segundo lugar — e como consequência natural do primeiro —, a penhora deverá ser única, compreendendo todos os créditos: do trabalhador, do perito e da União.

Efetuada e formalizada a penhora, o devedor poderá embargar a execução, abrangendo um, alguns ou todos esses créditos, segundo seja a hipótese. Nessa oportunidade, não apenas o devedor, mas os próprios credores (trabalhador e a União) poderão impugnar a impropriamente denominada "sentença" de liquidação, como prevê o art. 884, § 3.º, da CLT, pois esta é irrecorrível de imediato. Cuida-se, portanto, de impugnação diferida para a *fase* de embargos. Afirmamos ser imprópria a denominação legal de "sentença" de liquidação, pois, por meio desse ato, o juiz não dá fim ao processo de execução (CPC, art. 203, § 1.º). Trata-se, assim, de decisão de traço interlocutório (*ibidem*, § 2.º), que se submete à vedação legal quanto à sua impugnação por meio de recurso (CLT, art. 893, § 1.º).

Dissemos que a impugnação à "sentença" de liquidação foi legalmente diferida para a *fase* do procedimento pertinente aos embargos à execução porque, na verdade, essa impugnação poderá ser formulada mesmo que os sobreditos embargos não venham a ser oferecidos pelo devedor. É certo que se este embargar a execução, os credores trabalhista e previdenciário deverão ser intimados para contraminutar — e, antes, impugnar a "sentença" de liquidação, se for o caso. Não sendo oferecidos embargos, porém, o juiz deve ter o cuidado de mandar intimar os credores, a fim de que possam exercer, no prazo de 5 (cinco) dias, o direito de impugnar a "sentença" de liquidação. Foi, apenas, por uma questão de ordem prática que o legislador (CLT, art. 884, § 3.º) reservou para a *fase* de embargos à execução a possibilidade de haver impugnação à mencionada "sentença", seja pelo devedor, seja pelos credores, sem, todavia, vincular o direito destes últimos à realização de um ato (embargos), por parte daquele, o que seria, convenhamos, absurdo.

"Art. 884...

(...)

§ 4.º Julgar-se-ão na mesma sentença os embargos e as impugnações à liquidação apresentadas pelos credores trabalhista e previdenciário."

Comentário

Também aqui, a alteração introduzida foi de pequena monta, limitando-se a compatibilizar a redação do texto legal com as disposições gerais da Lei n. 10.035/2000.

A repisar-se, contudo, a observação de que a denominada "sentença" de liquidação se trata, em rigor, de uma decisão com traço interlocutório. Justamente por isso é que o § 3.º do art. 884 da CLT afirma ser irrecorrível de imediato e autonomamente essa decisão, harmonizando-se, assim, essa declaração, com a regra geral contida no art. 893, § 1º, do mesmo texto legal.

Tendo havido impugnação à "sentença" de liquidação (pelo devedor, pelos credores ou por todos eles), o juiz deverá apreciar, primeiramente, essa impugnação, para, depois, julgar os embargos opostos pelo devedor. Essa é, em princípio, a ordem lógica de apreciação das matérias. Pode ocorrer, entretanto, de o devedor alegar, nos embargos, por exemplo, a nulidade de todo o processo de execução (aí incluída a fase de liquidação). Nesta hipótese, deverão ser julgados, em primeiro lugar, os embargos, no tocante a essa matéria. Rejeitados os embargos, o juiz passará à apreciação das impugnações; acolhidos que sejam, as impugnações, certamente, ficarão prejudicadas.

"§ 5.º Considera-se inexigível o título judicial fundado em lei ou ato normativo declarados inconstitucionais pelo Supremo Tribunal Federal ou em aplicação ou interpretação tidas por incompatíveis com a Constituição Federal. (Incluído pela Medida Provisória n. 2.180-35, de 2001)

§ 6.º A exigência da garantia ou penhora não se aplica às entidades filantrópicas e/ou àqueles que compõem ou compuseram a diretoria dessas instituições." (Incluído pela Lei n. 13.467, de 2017)

Comentário

A execução para a cobrança de crédito fundar-se-á, sempre, em título de obrigação certa, líquida e *exigível* (CPC, art. 783). A *exigibilidade* constitui, portanto, um dos requisitos formais para a validade do título executivo. Por essa mesma razão, o art. 786, do CPC, declara que a execução pode ser instaurada quando o devedor deixar de cumprir obrigação certa, líquida e *exigível*, consubstanciada em título executivo. O § 5.º do art. 884 da CLT, inspirando-se no § 12 do art. 525 do CPC, considera *inexigível* o título judicial fundado em lei ou em ato normativo declarados inconstitucionais pelo STF ou em aplicação ou interpretação havidas como incompatíveis com a Constituição da República.

Caso o devedor pretenda oferecer embargos à execução, deverá, no prazo de 48 (quarenta e oito) horas que se seguir à citação, realizar a garantia patrimonial do juízo, seja em pecúnia ou em outra classe de bens (CLT, arts. 880, *caput*, 882, 883 e 884). Dessa exigência, entretanto, estão dispensadas não apenas a massa falida e a Fazenda Pública, mas, também, as entidades filantrópicas e/ou aqueles que compõem ou compuseram a diretoria dessas instituições.

> "Art. 889-A. Os recolhimentos das importâncias devidas, referentes às contribuições sociais, serão efetuados nas agências locais da Caixa Econômica Federal ou do Banco do Brasil S. A., por intermédio de documento de arrecadação da Previdência Social, dele se fazendo constar o número do processo.
>
> § 1.º Concedido parcelamento pela Secretaria da Receita Federal do Brasil, o devedor juntará aos autos a comprovação do ajuste, ficando a execução da contribuição social correspondente suspensa até a quitação de todas as parcelas.
>
> § 2.º As Varas do Trabalho encaminharão mensalmente à Secretaria da Receita Federal do Brasil informações sobre os recolhimentos efetivados nos autos, salvo se outro prazo for estabelecido em regulamento."

Comentário

No *caput* do art. 889-A o legislador estabeleceu o procedimento a ser observado pela parte, quanto ao recolhimento das contribuições devidas à Previdência Social, por força de sentença proferida pela Justiça do Trabalho, seja condenatória ou homologatória de transação.

Tratando-se do devedor, este, ao ser citado, poderá adotar uma de duas atitudes: oferecer embargos ou solver a obrigação. A solvência da obrigação, no caso, dar-se-á, no que diz respeito ao credor trabalhista, mediante o depósito da quantia em conta à disposição do juízo; no que tange ao credor previdenciário, por meio de recolhimento, pelo próprio devedor.

Assim como o recolhimento das quantias devidas ao trabalhador, o concernente às contribuições sociais deverá ser realizado em agência local da Caixa Econômica Federal ou do Banco do Brasil, mediante documento específico de arrecadação da Previdência Social (GPS), do qual deverá constar o número dos autos do processo.

Se o devedor obteve parcelamento do débito para com o INSS, deverá juntar aos autos do processo existente na Justiça do Trabalho o correspondente comprovante desse ajuste. Isto feito, a execução que se processa neste juízo ficará suspensa, no que se refere às contribuições previdenciárias, até que haja integral cumprimento do aludido parcelamento. É elementar que o parcelamento do débito previdenciário será efetuado na forma da legislação específica, reguladora da matéria.

Para que a União possa controlar o recolhimento das contribuições sociais que lhe são devidas, em decorrência de sentença emitida pela Justiça do

Trabalho, esta deverá remeter àquele, todo mês, informações sobre os recolhimentos efetuados nos autos do processo, exceto se outro prazo for estabelecido em regulamento. Essa determinação legal leva em conta a possibilidade de as contribuições devidas à União serem recolhidas pelo devedor, antes mesmo que a autarquia seja cientificada da sentença emitida pela Justiça do Trabalho.

> "Art. 897..
>
> (...)
>
> § 3.º Na hipótese da alínea *a* deste artigo, o agravo será julgado pelo próprio tribunal, presidido pela autoridade recorrida, salvo se se tratar de decisão de Juiz do Trabalho de 1.ª instância ou de Juiz de Direito, quando o julgamento competirá a uma das Turmas do Tribunal Regional a que estiver subordinado o prolator da sentença, observado o disposto no art. 679, a quem este remeterá as peças necessárias para o exame da matéria controvertida, em autos apartados, ou nos próprios autos, se tiver sido determinada a extração de carta de sentença.
>
> (...)
>
> § 8.º Quando o agravo de petição versar apenas sobre as contribuições sociais, o juiz da execução determinará a extração de cópias das peças necessárias, que serão autuadas em apartado, conforme dispõe o § 3º, parte final, e remetidas à instância superior para apreciação, após contraminuta."

Comentário

A modificação imposta ao § 3.º do art. 897 da CLT foi, meramente, superficial. Circunscreveu-se a simples questões terminológicas, mediante a substituição, por exemplo, da expressão "Presidente da Junta" por "Juiz do Trabalho". Em essência, nada mudou. Se a Lei n. 10.035/2000 teve a preocupação de efetuar algumas alterações de natureza terminológica no texto do § 3.º em questão, devemos reconhecer que realizou obra imperfeita, pois, além de o legislador deixar escapar entre os dedos a oportunidade de eliminar a manifesta obscuridade que caracteriza esse texto, também permitiu que nele fossem mantidas outras imprecisões vocabulares ou certos arcaísmos, como o do substantivo "instância", modernamente substituído por "grau de jurisdição".

Ocorrendo de o agravo de petição ser interposto unicamente pelo INSS (CLT, art. 897, § 8.º), versando, por óbvio, unicamente sobre contribuições a ele devidas, cumprirá ao juiz determinar a extração de cópias necessárias de peças dos autos, autuando-as em separado. Em seguida, mandará intimar a parte contrária para oferecer contraminuta. Decorrido o prazo para isso, ordenará a remessa dos autos ao Tribunal Regional competente.

O prazo para o INSS interpor agravo de petição será de 16 (dezesseis) dias, por força do disposto no art. 1.º, inciso III, do Decreto-Lei n. 779/69. Para a parte contrária contraminutar esse recurso, o prazo será de 8 (oito) dias (Lei n. 5.584/70, art. 6.º).

Para interpor agravo de petição, o credor trabalhista e o INSS não necessitarão efetuar nenhum depósito (CLT, art. 899). Caso, porém, o recurso venha a ser interposto pelo devedor, e ainda que a matéria seja circunscrita a contribuições devidas à Previdência Social, o depósito será indispensável, sob pena de inadmissibilidade do agravo de petição, por estar deserto.

A determinação do legislador para que, na hipótese, o agravo de petição seja autuado em apartado, decorreu, provavelmente, de sua preocupação em não prejudicar os interesses do credor trabalhista, permitindo-lhe promover a execução forçada e definitiva do título executivo judicial, enquanto o agravo de petição interposto pelo INSS se encontra *sub iudice*.

Se houver recurso da parte e também do INSS, é evidente que não se cogitará de autuação apartada deste último, caso em que ambos os agravos de petição serão processados nos autos originais — que serão, no momento oportuno, encaminhados ao Tribunal Regional, permitida, antes, a extração de carta de sentença para a execução provisória, ou mesmo para a execução definitiva do capítulo da decisão ou da sentença que não tenha sido objeto de recurso (tornando-se, assim, incontroversa a matéria, que transita em julgado desde logo).

Dos acórdãos proferidos em sede de agravo de petição, somente caberá recurso de revista se houver ofensa direta e literal à norma da Constituição Federal (CLT, art. 896, § 2.º). Quando for o caso, o recorrente deverá prequestionar a matéria, por meio de embargos de declaração, nos termos da Súmula n. 298, do TST, sob consequência de preclusão do direito de revolver o tema em grau de recurso de revista. A propósito, a Súmula n. 297, do mesmo Tribunal, esclarece: "*I. Diz-se prequestionada a matéria ou questão quando na decisão impugnada haja sido adotada, explicitamente, tese a respeito. II. Incumbe à parte interessada, desde que a matéria haja sido invocada no recurso principal, opor embargos declaratórios objetivando o pronunciamento sobre o tema, sob pena de preclusão. III. Considera-se prequestionada a questão jurídica invocada no recurso principal sobre a qual se omite o Tribunal de pronunciar tese, não obstante opostos embargos de declaração*".